THEATERBIBLIOTHEK

Schweig, Bub! heißt es beim Konfirmationsfest eines 14-jährigen Buben. Der Ernst des Lebens beginnt: erste Uhr, erster Schnaps, zum ersten Mal länger aufbleiben. Die Erwachsenen nutzen sein Fest, um sich zu produzieren. Der Junge sitzt daneben. Die, die nichts mitzuteilen haben, füttern ihn mit Lebensweisheiten und stopfen ihm das Maul mit Knödeln.

Schweig, Bub! ist Fitzgerald Kusz' erstes Stück, es lief erfolgreich an Hunderten von Theatern, wurde in mehr als ein Dutzend Dialekte übersetzt und war in mehreren Fernsehproduktionen zu sehen. Hier liegt das Stück in einer umgangssprachlichen Fassung mit fränkischem Einschlag vor.

Letzter Wille. Ein Leichenschmaus in fünf Gängen. Ein altes Thema, erfrischend bösartig aufbereitet: An die Stelle der Konfirmation ist eine Beerdigung getreten. Wie der Konfirmand ist die wohlhabende Tante Martha vorwiegend stumm, zumal sie gerade gestorben ist. Die lieben Verwandten spielen beim Leichenschmaus die Rolle, die ihnen selbst angemessen erscheint – die wichtigste. Sie reden noch miteinander, denn sie haben noch nicht geerbt. Aber da jeder nur wegen der Erbschaft gekommen ist, bestimmen Misstrauen und Gier die Stimmung, gerät zunehmend jede Liebenswürdigkeit in die Nähe der Körperverletzung.

Fitzgerald Kusz

Schweig, Bub!
Letzter Wille

VERLAG DER AUTOREN
Der Verlag der Autoren gehört den Autoren des Verlages

Bibliografische Information der Deutschen Nationalbibliothek
Die Deutsche Nationalbibliothek verzeichnet diese Publikation
in der Deutschen Nationalbibliografie; detaillierte bibliografische
Daten sind im Internet unter http://dnb.dnb.de abrufbar.

4. Auflage 2017

Verlag der Autoren GmbH & Co. KG
Taunusstraße 19, 60329 Frankfurt am Main
Telefon: 069 23 85 74-20, Fax: 069 24 27 76 44
E-Mail: theater@verlagderautoren.de
www.verlagderautoren.de

Satz: SVG, Satz und Verlags-Gesellschaft mbH, Darmstadt
Umschlag: Bayerl + Ost, Frankfurt am Main
Druck: betz-druck GmbH, Darmstadt

Printed in Germany
ISBN 978-3-88661-186-7

INHALT

Schweig, Bub!

Volksstück

PERSONEN

FRITZ, der Konfirmand
GRETL, seine Mutter
HANS, sein Vater
ONKEL WILLI
TANTE ANNA
GERDA, eine Bekannte
MANFRED, ihr Mann
HANNELORE, eine Kusine (HANNA)

BÜHNENBILD

Ein Wohnzimmer aus dem Milieu der »kleinen Leute«. Im Hintergrund ein Blumenfenster, davor eine Anrichte und ein davor aufgestelltes Tischchen. Auf dem Fensterbrett, der Anrichte und dem Tischchen türmen sich die Blumenstöcke und Geschenke, die Fritz erhalten hat. Einige größere Blumenstöcke stehen auf dem Fußboden. In der Mitte der Bühne ein Ausziehtisch, an dem neun bis zehn Personen Platz haben. Es ist insgesamt für neun Personen gedeckt. Fritz sitzt in der Mitte. Der Platz an der linken Stirnseite ist für den Pfarrer gedeckt, der noch nicht erschienen ist. Die Wände sind mit großmustrigen Tapeten tapeziert. Die Gäste sitzen vor vollen Suppentellern. Etwa eine Minute lang ist nichts zu hören außer den Eßgeräuschen.

ERSTER AKT

TANTE Du, wo hamma letzthin so a Leberkniedlasuppen gessen?

ONKEL Da weiß ich nix davon.

TANTE Dich kamma gar nix fragen.

ONKEL Was fragstn dann?

TANTE Des is nämlich gar ned so lang her, daß ma a Leberkniedlasuppen gessen ham. Ich glaub, des war vor vierzehn Tag, wie ma unsern Ausflug mitm Gsangverein gmacht ham.

ONKEL Red doch ned, da hats doch gar ka Leberkniedlasuppen ned geben, bloß so a Kartoffelsuppen mit nix drin. Des weißi noch ganz genau.

TANTE Ja, du hast recht. Jetzt weiß i's auch wieder: des war des blanke Wasser.

ONKEL Sonst kanni ma nix merken, aber wenn mich was ärgert, merk i ma's schon. *Pause.* Weil sich keiner mehr was sagen traut, werden die Wirt immer unverschämter.

GERDA Die Leut sind selber schuld, wenn sie sich alles gefallen lassen. Manche Lokale haben sogar ein Beschwerdebuch.

TANTE Jetzt weißi wieder, wo's war.

ONKEL Was?

TANTE Na, wo ma die Leberkniedlasuppen gessen ham. Mir sind doch vor acht Tag im »Roten Ochsen« gwesen. *Pause.* Aber so wie dei selbergmachte, Gretl, hat die ned gschmeckt. *Pause.* Es geht halt nix über a selbergmachte Leberkniedlasuppen. In am Wirtshaus sollt ma sowas gar nimmer essen, da hauns Maggiwürfel rein. *Pause.* Des möchti ned wissen, was da alles drin is. *Pause.* Wemma amal in so a Küchen von so am Wirthaus reinschaun tät, tät ma bestimmt kein Bissen mehr runterbringen!

ONKEL Jetzt hörst amal mit deiner Leberkniedlasuppen auf!

MUTTER Schmeckts euch wenigstens? *Pause.* Wenn nix gsagt, is gut. *Pause.* Da is fei noch mehr Suppen, die muß weg. Die Kniedla kanni ned aufheben.

GERDA Um Gotteswillen, normalerweis eß ich bloß die Hälft!

MUTTER Heut is ja auch meim Fritzla sei Konfirmation, die hat er bloß amal in seim Leben. Heut kannst scho amal reinleuchten!

GERDA Aber wenn ich morgen wieder auf die Waage kletter! Du mußt mir mal aufschreiben, was du alles reintust!

TANTE A Muskatnuß und a Peterla muß drin sein.

MUTTER Aufschreiben kanni des ned, des sagi dir halt. *Pause.* So, tut amal eure Teller her, wenn ihr noch a Suppen wollt, gleich is weg. *Pause.* Da, geh her, Bub, mei Konfirmandla, daßd ma fei noch an Teller Suppen essen tust, wo sich dei Mutter so a Plag gmacht hat!

TANTE Die Kniedla müssen halt an Gschmack ham, wenn die kein Gschmack ned ham ...

GERDA *unterbricht* Also weißt, normalerweis essen wir sowas das ganze Jahr nicht!

TANTE Ich eß immer, was ma schmeckt.

ONKEL Des sieht ma. Des brauchst ned extra sagen!

GERDA Weißt, mein Mann und ich, wir müssen auf unsre schlanke Linie aufpassen.

TANTE Du wirst doch ned sagen, daß du dick bist. *Pause.* Du könntst sogar noch a paar Pfündla vertragen. *Pause.* Was sollen da mir sagen, die Gretl und ich?

ONKEL Am besten gar nix.

TANTE Na du, du hast es einfach. Du kannst fressen und saufen, wast willst und bleibst trotzdem a zaundürrer Frecker!

ONKEL Des is bloß der Neid der Besitzlosen!

GERDA Normalerweis trag ich Größe vierzig, aber seit einem Jahr paßt mir kein Kleid nicht, deswegen muß ich Größe zweiundvierzig kaufen. *Pause.* Zugenommen ist schneller als wie abgenommen.

MUTTER Aber heut brauchst ned abnehmen. Was aufm Tisch kommt, wird gessen! *Pause.* Sonst hätt ma ja auch in a Wirtshaus gehn können, dann hätt sich jeder soviel bestellen können, wie er will!

TANTE Zweiundvierzig paßt mir schon seitm Krieg nimmer! Von dera Abnehmerei halt ich nix! Ich könnt nix arbeiten mit nix im Magen!

MUTTER Ich auch ned. *Pause.* Gerda, hilfst ma amal, jetzt tun ma schnell die Kniedla rein, den Salat und den Braten.

TANTE Ich stell schnell amal die Teller zam, daß schneller geht. Hopp, Willi, tu dein Teller her!

ONKEL Da is fei noch was drin.

TANTE Hättst di halt a bißla gschickt. *Pause.* So, da is ja Zeit worden. Wie man ißt, so arbeitet man.

ONKEL Des mußt grad du sagen.

Mutter trägt die Teller in die Küche, Gerda folgt ihr.

TANTE Ich muß was im Magen ham. Wenni nix eß, kriegi bloß Kopfweh!

VATER Wie sagt ma? Essen und trinken, tät fei des Trinken ned vergessen. Also prost, trink ma mal!

ALLE Prost! Wohlsein!

Mutter und Gerda kommen mit diversen Platten aus der Küche zurück.

MUTTER Kaum simma draußen, fangen die Mannsbilder es Saufen an!

VATER Du brauchst ja ka Bier ned hertun, wemmas ned trinken darf!

MUTTER Des war doch bloß a Spaß. Ich gönns euch ja. Da habt ihr Kniedla. Solli euch gleich zwei geben?

GERDA Mir bitte nicht!

TANTE Zwei werden mir heut ned langen!

GERDA Weil wir grad über das Abnehmen gesprochen haben, ich finde, man fühlt sich doch bedeutend wohler, wenn man kein Übergewicht hat.

TANTE Schau mich an! Ich fühl mich auch wohl. Ich hab nix am Herz. Mei Kreuzweh kommt sowieso ned davon und Kopfweh kriegi bloß, wenni amal ned zum essen komm. *Pause.* Wenni denk, wie andre Weiber in meim Alter beinander sind! *Pause.* Ich kann noch Bäum ausreißen, aber mit nix im Magen könnti ned amal a Blättla Papier ausnanderreißen!

GERDA Schau, die Filmschauspielerinnen dürfen ja auch nichts essen und denen gehts auch nicht schlecht!

TANTE Was arbeiten die schon? A bißla rumstehn und blöd schaun.

ONKEL Aber wenns im Schulmädlasreport mitspielen, müssens schon was tun.

MUTTER Willi, heut is Konfirmation!

ONKEL Der Pfarrer hat bestimmt dena Konfirmanden im Konfirmandenunterricht gsagt, daß zweierlei Menschen gibt.

VATER Des is auch nix, wenn die Weiber zu dürr sind. Auf jeds Pfund kommts an.

MUTTER Hört auf! Des is ka Unterhaltung ned an einer Konfirmation! Daß ihr euch ned schämt! –

Längere Pause.

GERDA Wenn man täglich Gewichtskontrolle macht, kann man auch mal sündigen.

ONKEL Essen is ka Sünd. A Sünd is, wemma a Essen wegwirft. *Pause.* Wennst so siehst, was die Leut alles wegwerfen, denkst dir manchmal: die werden blöd schaun, wenn amal andre Zeiten kommen.

TANTE Mir ham andre Zeiten mitgmacht. Mir wissen, was des is, wemma nix zum beißen hat.

FRITZ In der Schul werfen fei a Haufen Kinder ihr Pausebrot weg.

MUTTER Wenn der Vogel frißt, pfeift er ned! Halt dei Maul und eß gscheit. *Pause.* Tu fei fest essen! Des is heut dei Ehrentag.

FRITZ Ich kann nimmer.

MUTTER Du wirst doch noch a Kniedla zwingen. *Pause.* Da hast noch eins!

VATER Wie i so alt war wie du, habi gut und gern meine fünf Stück gschafft!

FRITZ Aber du hast doch amal gsagt –

MUTTER Schweig!

FRITZ Ihr habt die Kniedla ohne Fleisch gessen, weils ka Fleisch ned geben hat.

MUTTER Schweigen sollst!

FRITZ Ohne Fleisch täti auch soviel Kniedla schaffen!

MUTTER Schweig, Bub, sonst wird dei Essen kalt!

TANTE Da kommt ma ganz schön ins Schwitzen, da treibts eim die Kohlen raus!

ONKEL Schwitzen is gsund, gell Hannnelore? Du hast heut noch gar nix gsagt und der Manfred auch ned.

TANTE Dafür gackerst Du andauernd in einer Tour wie a Entenarsch. Du läßt doch kein andern zu Wort kommen.

ONKEL Des mußt grad du sagen!

HANNA *lacht, spielt die Verlegene* Ich bin halt doch so schüchtern!

ONKEL So schaust aus! Du und schüchtern.

HANNA Ma kann sich auch in eim täuschen.

MANFRED Ich red den ganzen Tag im Gschäft. Glaubst es, da is ma froh, wemma mal nix sagen braucht.

VATER Tät fei es Trinken ned vergessen! Prost Hanna, prost Manfred, prost Willi, prost Anna, prost Gerda, prost Frau, prost Konfirmand!

MUTTER Der Bub soll doch noch ka Bier trinken! Du lernst ihm wieder was an! In dem seim Alter wird ma bloß blöd davon!

TANTE Da warn manche schon älter und sind auch ned gscheiter worden.

ONKEL Gell, du, reiß dich fei a bißla zam!

VATER A Schlückla Bier hat noch keim was gschadt!

MUTTER Es Saufen lernt er noch früh gnug, wenn er nach dir grät.

VATER Dei Opa hat auch grad gnug gsoffen.

GERDA Wo hab ich neulich gelesen, daß auch schon Kinder zur Flasche greifen?

Es klingelt.

MUTTER Jetzt kommt der Pfarrer, wo die Kniedla schon fast kalt sind!

Sie geht zur Tür und öffnet sie, kommt nach einer Weile zurück; gespannte Stille.

MUTTER Des war er ned, der Pfarrer. Dem Neumeier sei Bub hat a Blumenstöckla abgegeben.

FRITZ *ganz enttäuscht* Ach, schon wieder Blumen! Fünf-Mark-Stückla wärn ma lieber.

TANTE Der schaut halt aufs Geld, euer Bub. Des is recht. *Pause.* Dei Frau wird sich amal freun, wennst es Sparen jetzt schon lernst. Dei Onkel kanns nämli heut noch ned!

ONKEL Für was soll denn ich sparen? Des is doch wurscht, ob mei Sarg amal aus Holz oder Plastik is!

MUTTER Willi, vom Sterben wird heut ned gredt.

VATER Hast dem Neumeiersbuben auch was mitgeben? A paar Stückla Kuchen und Küchla? Sonst heißts gleich, mir sind rachgierig, mir teilen nix aus.

MUTTER Küchla sind kaum noch da.

VATER Hättst halt mehr backen!

MUTTER Die langen schon noch. *Pause.*

TANTE Eine wahre Pracht, die Blumen, wo euer Bub kriegt hat. Des sind ja mehr wie bei einer Hochzeit. *Pause.* Ich wüßt ned, wann ich es letzte Mal Blumen kriegt hätt!

MUTTER Ich auch schon lang nimmer!

GERDA Der Manfred bringt mir jede Woche einen schönen Strauß mit.

HANNA Mei Alter steht auf Kaktus. Der is ganz verrückt danach. Jede Woche schleppt er an neuen an.

MUTTER Die braucht ma ja ned gießen.

GERDA Einmal in der Woche.

MUTTER Da hat ma an Haufen Arbeit derspart.

TANTE Wie ma vielleicht a Jahr verheirat warn, hast ma jede Woche Blumen mitbracht, wenns dein Lohn kriegt hast.

ONKEL Ja, früher. *Lacht.* Da warst du auch noch eine Blume! *Lacht.* Aber heut bist a Distel!

Die Gäste lachen mit.

TANTE Na, wart nur, wemma wieder allein sind, dann gehts dir dreckat! Jetzt traust dich was.

MUTTER Haut gscheit rein! Es Fleisch darf ned kalt werden. *Pause.* In der Kirch warn auch schöne Blumen neberm Altar.

VATER Mir wolln ja auch was sehn für unsre Kirchensteuern. Zahlst du auch soviel, Manfred?

MANFRED Ich hab ma schon überlegt, ob i ned aus der Kirch austret. Für des, was i zahl, kanni selber schon an Pfarrer dernährn!

MUTTER Aus der Kirch austreten, des ham bloß die Nazis gmacht. Fünfundvierzig sinds schnell wieder eintreten. *Pause.* Ich tät nie im Leben aus der Kirch austreten. Da hat ma ka Glück ned.

TANTE Ich lauf zwar Jahr und Tag ned in die Kirch wie andre Weiber in meim Alter, die wo nix zum tun ham, mei Leut sind auch ned in die Kirch gangen, aber austreten, naa! *Pause.* Sein Glauben braucht ma schon, wenn die Pfarrer auch lauter Lügen derzähln.

MUTTER Anna, sag doch sowas ned vor unserm Buben!

FRITZ Ich hab doch gar ned zughört.

TANTE Ja, da hast recht! Wenni manchmal ned einschlafen kann, denki ma oft, es gibt doch so a höheres Wesen und dann sagi an Liedervers auf! *Pause.* Schön hat ers gmacht, der Pfarrer. Die Predigt war auch recht, kurz und schmerzlos!

ONKEL Glaubt mas, ich war eigentlich a rechter Lump, aber im Krieg, da habi manchmal zu meim Herrgott bet!

VATER Gspannt binni ja, wenn der Pfarrer kommt!

Alle schauen nach links, wo für den Pfarrer gedeckt ist.

MUTTER Gsagt hat ers, daß er kommt.

VATER Der is bestimmt beim Neumeier beim Essen. Da gibts an Rehbraten! *Pause.* Der sucht sich schon es Beste aus!

ONKEL Jetzt dürfen doch gar ka Reh ned gschossen werden. Jetzt hamma doch Schonzeit. Es heißt doch, wenn a »r« im Monat is, darf ka Wild ned gschossen werden –

VATER Was meinst, für was die Neumeier a Tiefkühltruhe ham?

MUTTER Daß der Pfarrer ned kommt, wo i ma so a Plag gmacht hab! Sagt bloß, bei mir gibts nix Gscheits zu essen?

VATER Paß auf, der Pfarrer is bei die Neumeier: Die Großen gehn zu die Großen.

GERDA Dabei hat doch der Pfarrer einen bescheidenen Eindruck gemacht – wenigstens auf mich.

MUTTER Der mag die klein Leut genauso gern. Der soll auch aus kleine Verhältnisse kommen – sagens.

VATER Aber wenns bei die Neumeier an Rehbraten gibt ...

TANTE Ich hab schon lang kein gscheitn Rehbraten mehr gessen, des is schon a paar Jahr her ...

MUTTER Des kann ja sein, daß er zum Kaffeetrinken kommt, der Pfarrer! Ich stell auf jeden Fall amal a Tassen für ihn hin.

VATER Der wird ganz schön bsoffen sein, wenn er zu zwanzig Konfirmanden muß.

MUTTER Als Pfarrer kanna sich des ned erlauben. Der säuft bestimmt ned so wie du.

VATER Wer weiß, wie oft der schon auf seiner Kanzel bsoffen war? Wer merktn des schon?

ONKEL Jetzt wirds ma warm. Jetzt mußi amal mein Knopf aufmachen. Ich trag Jahr und Tag ka Krawatten.

TANTE Wemma so an Kragen hat wie du kamma auch ka Krawatten ned tragen.

ONKEL Wie heißts. *Steht plötzlich auf, singt ein Kirchweihlied.* »Saumagen, Gänskragen, darf ma nimmer sagen! Saumagen, Gänskragen darf –«

TANTE Setz dich wieder hin! Heut wird ned gsungen, heut is ka Kerwa.

Onkel setzt sich widerstrebend hin.

VATER Und ich muß jetzt mei Hosen aufmachen, daß noch was reingeht.

HANNA *kichert* Machst wohl an Striptease?

VATER Tät dir so passen. Naa, ich mach bloß mein Gürtel auf.

MUTTER Gell, wenn fei der Pfarrer da wär, könntst des fei ned machen.

VATER Meinst, der hat da ka Verständnis dafür, wemma sich a bißla Marscherleichterung macht?

Längere Pause.

MUTTER Will noch einer Salat?

GERDA Ja, bitte. Vitamine kann man nie genug kriegen.

VATER Dei Gras kannst behalten.

ONKEL Im Hopfen sind auch genug Vitamine drin.

18

Prost! Auf die Kniedla kriegt ma vielleicht an Durscht!

Onkel trinkt, Vater schließt sich an.

MUTTER Ja, die Männer. Die fressen lieber Zigaretten.

TANTE Heut sind wieder mal a schöns Paar Säufer beinander, meiner, Gretl, und deiner. Mir grausts schon davor.

GERDA Was hast eigentlich für den Salat bezahlt? Das tät mich wirklich einmal interessieren.

MUTTER A Kopf neunzig Pfennig.

GERDA Was, das ist ja Wucher! Letztes Jahr hat er noch fünfundsiebzig gekostet.

TANTE Alles wird teurer. An Butter kannst schon gar nimmer derzahln.

GERDA Wir essen nur noch Gesundheitsmargarine. Die ist viel gesünder und bekömmlicher als der Butter.

TANTE An Butter braucht ma aber. Der is gut für die Nerven.

GERDA Alles Einbildung.

MUTTER Ja, es Einkaufen wird immer teurer. Ich hab mas neulich auch dacht. Ich hab fast nix im Einkaufskorb dringhabt und vierzig Mark hinlegen müssen, aber was willst dagegen machen? Fleisch braucht ma, Kartoffeln braucht ma, Kaffee …

TANTE Jammern hilft da nix. Ma muß halt zahlen, was kost!

Dunkel.

ZWEITER AKT

Mutter und Gerda unterhalten sich, während sie den Kaffeetisch decken.

MUTTER Des Spazierngehn war a gute Idee von deim Mann. Ich wär da gar ned draufkommen.

GERDA Bei der Gelegenheit kann er ja gleich ein paar schöne Aufnahmen von deinem Konfirmanden machen.

MUTTER Des is aber schön, dann hamma wenigstens a schöne Erinnerung.

GERDA Weißt du, wenn die Gäste den ganzen geschlagenen Tag bloß herumsitzen, dann fangen die Männer bloß mit dem Saufen an.

MUTTER Ich bin schon ganz blöd im Kopf vor lauter Reden und Hören. *Pause.* Soviel wird bei uns des ganze Jahr ned gredt. Ich bin froh, wenni nix sagen muß. *Pause.* Und wie die wieder gfressen ham. Am allerschlimmsten warn amal wieder die eignen Verwandten. *Pause.* Ich bin immer froh, wenni kein von dene seh.

GERDA Manche Leut benehmen sich halt wie die Axt im Walde! Wo sollen sies auch herhaben?

MUTTER Wemma nix zum Sagen hat, sollt ma's Maul halten! *Pause.* Wenn die so weitermachen, sinds alle mitnander bis fünfe bsoffen. Wenn bloß einer von dene bsoffen is, gehi auf und davon! Dann laßi alles stehn und liegn! An einer Konfirmation ghört sich sowas ned.

GERDA Siehst du jetzt, wie wichtig es gewesen ist, daß sie weggegangen sind? Die frische Luft wird ihnen allen guttun.

Längere Pause. Mutter geht in die Küche, trägt Kuchen herein.

MUTTER Ich hab mit amal so Kopfweh!

GERDA Nimm halt ein Aspirin!

MUTTER Die helfen mir ned. *Pause.* Die Verwandtschaft hast immer bloß am Hals. Ich hab immer dacht, mei eigne Verwandtschaft is besser, aber die sind genauso blöd wie die von meim Mann.

GERDA Uns gehts genauso, aber unsre lieben Verwandten wohnen Gott sei Dank weit weg!

Es klingelt. Mutter geht zur Tür.

MUTTER Des wird die Bande sein. Jetzt hammas wieder da. Ich mach schon auf.

VATER Ausgfroren simma. Ich glaub, ich brauch an Schnaps!

ONKEL Und ich hab an Mordstrumm Durscht. Ich glaub, ich brauch jetzt a Fläschla Bier.

FRITZ Den Richard hamma gsehn. Der is auch mit seine Leut spazierngangen.

MUTTER Ja, Bub, setz dich hin, jetzt gibts gleich an Kaffee!

Alle nehmen Platz. Längere Pause. Unverständliches Gemurmel. Mutter und Gerda bedienen die Gäste, nehmen dann auch Platz.

MUTTER Hoffentlich sind die Bilder was worden? Unser Bub fotografiert sich nämlich immer so schlecht.

MANFRED Ich hab fast an ganzen Film verknipst, da werden schon a paar gscheite dabeisein und die andern werden weggworfen.

MUTTER Bevorst es wegwirfst, kannst es uns auch geben.

GERDA *bedient weiter* Wer mag jetzt alles Kaffee? Das hier ist ein Bohnenkaffee und einen coffeinfreien haben wir auch gemacht für die, wo keinen Bohnenkaffee nicht trinken dürfen.

ONKEL Ich mag überhaupt kein Kaffee. Mir brauchst gar ned erst an reintun. *Hält seine Tasse mit der Hand zu.* Mir wär jetzt a Täßla Bier tausendmal lieber. Ich hab nämlich vor lauter Spazierngehn an gscheitn Durscht kriegt.

TANTE Sei ned so eigensinnig! Heut kannst schon mal a Täßla trinken.

ONKEL Meinetwegen. *Er nimmt die Hand weg.* Dann laß i'n halt stehn! Ich trink Jahr und Tag kein Kaffee. Des mußt du am besten wissen.

TANTE Sowas Eigensinniges!

VATER Mir gibst bloß a halbe Tassen. Ich kann den Kaffee ned vertragen. Da tut ma bloß mei Magen weh.

GERDA Dann trinkst halt einen coffeinfreien!

VATER Da is doch der eine wie der andre!

GERDA Aber ein Stückle Torte wirst schon essen?

VATER Ich eß bloß an Streußelkuchen. Bei der Torten pappt ma immer der Magen zam, da brauchi dann an Liter Schnaps, daß er wieder ausnandergeht.

GERDA Immer dasselbe mit den Herren der Schöpfung! Mit einem bißchen Torte kann man sie jagen!

MANFRED Mich bestimmt ned. Ich eß oft a Stückla Torten in meiner Mittagspause.

GERDA Du bist halt eine Ausnahme, bist ein Süßer!

MUTTER Dene Mannsbilder wärs am liebsten, wenns saure Gurken statts am Kaffee kriegen täten. Immer dasselbe! Ich mag schon gar nix mehr sagen.

ONKEL Wenni zuviel Kaffee derwisch, werdi allerweil so unruhig.

HANNA Wie meinstn des?

ONKEL Da gehts ma so, wie wenni neben dir sitz.

HANNA Schaut nur den Willi an! So a Draufgänger!

ONKEL Ich geh immer gern drauf.

HANNA Und des in deim Alter. Gell, du gehst ran an die Sachen?

ONKEL Ich kann ja nix dafür. Des is halt in mir drin. Ich grat halt nach meim Vater.

TANTE Des muß ausgerechnet der sagen! Davon habi noch nix gmerkt.

ONKEL Tu fei unsre Intimgeheimnisse ned ausplaudern!

TANTE Da gibts nix zum Ausplaudern!

ONKEL Wenn Dummheit wehtät, müßtest jetzt schreien.

TANTE Gell, reiß dich fei zam, Freundla! Wart nur, wemma wieder daheim sind!

Längere Pause.

TANTE Wie die Zeit vergeht! Wenni denk, es is noch gar ned lang her, da war er noch so a kleiner Kerl, euer Bub. Ich seh ihn noch im Kinderwagen liegen und lachen. Der hat goldig lachen können, euer Fritzla!

FRITZ Des weißi nimmer.

MUTTER Des kannst freilich nimmer wissen, da warst ja noch a Bobbela. *Pause.* A goldigs Bobbela war er schon, mei Fritzla. Du hast schon recht, Anna, in einer Tour hat er bloß glacht. Und Locken hat er ghabt, schöner wie a Madla! Ich hab ja zuerst gmeint, daß er a Madla wird, dann hätt er Elfriede gheißen, aber dann is doch a Bub worden.

TANTE Wer weiß, für was des gut is. Schau dir doch bloß amal die Rotzpritschla an mit ihre vierzehn Jährla. Zigaretten rauchens wie die Alten. Abbusseln lassen sie sich mitten auf der Straß und Röckla hams an, daßd ja alles siehst.

GERDA Das is einzig und allein die Schuld der Eltern.

TANTE Warum stellt euch ka Kinder an?

GERDA Wir haben ja noch Zeit, gelt Manfred?

TANTE Wie die Zeit vergeht! Es wird nimmer lang dauern und bei euch gibts a Hochzeit.

MUTTER Der Bub soll erst amal was lernen. So schnell heirat ma der noch ned. Da passi schon auf.

TANTE Des is schön, wenn die Kinder a Zucht ham, wenns ihre Eltern schön folgen tun.

MUTTER Wenna mal was is, mei Fritzla, dann kann er sich schon nach einer umschaun, aber ich paß schon auf, daß er mir a gscheite bringt. *Pause.* Was können denn die Weiber heutzutag schon?

ONKEL Vielleicht mehr wie ihr! Die zieren sich ned a so.

TANTE Ned amal kochen könnens!

HANNA Wenni mei Mutter ned ghabt hätt, wüßti auch ned, wie ma a Suppen kocht.

MUTTER Siehst es! Aber da schaun die Mannsbilder heut nimmer drauf.

ONKEL Was braucht ma denn a Suppen? Ma kann auch a Bier trinken. Aber die Liebe, die braucht ma.

TANTE Hauptsach, sie ham a schöne Larven, aber da kamma auch ned runterbeißen.

ONKEL Hast du eine Ahnung!

HANNA Du wirst halt neidisch sein!

ONKEL Wer? Ich?

HANNA Naa, dei Frau.

TANTE Warum soll ich neidisch sein?

HANNA Weilst dich so über die jungen Mädla aufregst.

TANTE Du hättst mich amal vor zwanzig Jahr sehn sollen, da ham sich alle Männer noch nach mir umdreht. *Pause.* Meinst, mei Willi hätt so a häßliche Kuh gnommen, wo der so a Casanova war?

HANNA Wieviel Filmschauspielerinnen gibts, wo so alt sind wie du. Du mußt dich halt a bißla herrichten, a bißla Maskerade, a bißla Puder …

TANTE Ich hab ma noch nie was ins Gsicht gschmiert. Ich nehm bloß a Seifen.

HANNA Ich könnt ned ungschminkt ins Gschäft gehn! Des kanni ma gar ned vorstellen.

GERDA Ich mein auch, daß jede Frau über dreißig eine Schönheitspflege machen müßte.

ONKEL Jetzt hams wieder a Thema gfunden, die Weiber! Des is ja des reinste Kaffeekränzla! Weiber unter sich, des is, glaubi, des schlimmste, was gibt.

TANTE Halt dei Maul, wennst nix von dem Zeug verstehst.

HANNA Mit dreißig kanns schon zu spät sein.

MUTTER Was?

HANNA Na, die Schönheitspflege. Ich hab mit fünfzehn schon mein ersten Lippenstift genommen.

MANFRED Du wirst mit fünfzehn schon was andres gnommen ham.

GERDA Das hätt ich fei nicht gedacht von dir, Manfred, daß ausgrechnet du so etwas sagst!

MANFRED Ich hab doch bloß a kleins Witzla gmacht.

HANNA Stille Wasser sind tief! *Pause.* Ich glaub, du mußt heut a bißla auf dein Mann aufpassen! *Pause.* Was habi grad gsagt?

MUTTER Daß dich mit fünfzehn schon gschminkt hast!

HANNA Zuerst habi an Lippenstift gnommen, dann is des mit die Lidschatten aufkommen, und jetzt machi sogar Wimpern hin –

ONKEL Was? Jetzt habi gmeint, dei Wimpern sind echt.

VATER Was isn heutzutag noch echt an die Weiber?

MANFRED Ich wüßt schon was.

GERDA Hör jetzt auf damit. Daheim hältst du doch auch keine zweideutigen Reden.

HANNA Nachts nehmi so a Creme. Mei Mann sagt schon immer, ich schau aus wie a Schmiertiegel. Aber es hilft was. Bis jetz habi noch ka einzige Falten!

TANTE In deim Alter habi auch noch ka Fältla ghabt und ich hab ka Creme verwendt.

ONKEL Manche Weiber, ich red jetzt ned von dir, Hannelore, sind so angschmiert, daß ma's nimmer kennt, wenns in Regen kommen.

HANNA Dann sinds selber schuld! Für was gibts denn Regenschirm? Die brauchen blouß an Regenschirm dabeiham.

ONKEL Aber wenns amal kein dabeiham, stehns da mit ihrm Talent, da läuft ihnen die Brüh den Hals nunter.

MUTTER Wer magn noch a Täßla Kaffee? Ihr müßt euch schon rühren, wenn ihr was wollt. Gerda, paß bitte auf, daß auch Küchla gessen werden!

GERDA Hier, wem darf ich noch ein Stückchen Kuchen geben?

TANTE Jetzt habi grad a Torten probiert. Jetzt möchti noch a Stückla von dem Obstkuchen da probieren. Hast den Boden selber backen oder is a kaufter?

MUTTER Des is ka kaufter ned. Siehst es ned, wie gelb der is? Des müßt doch sehn, daß da an Haufen Eier drin sind.

TANTE Wo kaufstn du deine Eier?

MUTTER Da kommt am Freitag immer so a Bauer. Von dem kriegi wenigstens frische. Im Supermarkt kannst ja keine kaufen. Die ham ganz weiße Dottern.

TANTE Da hast recht. Weiße Dottern hams und an die Schalen is fast ka Kalk dran. Wennst a bißla hinkommst, zerbrechens gleich. *Pause.* Des is schon a Unterschied, wenn die Hennen was Frischs kriegen, dann sind die Dottern schön gelb. Überhaupt, des ganze künstliche Zeug, des taugt doch nix!

ONKEL Im Fernsehn hams amal an Bericht zeigt, wie die Gigerla künstlich aufzogen werden. Da brauchst dich wirklich ned wundern, wenn die nach nix schmecken. Aber wemma a Gigerla von am Bauern kauft, des is gleich was anders. *Pause.* Wie sollen da die Eier nach was schmecken, wenn die Hennen in einer Fabrik aufwachsen?

MUTTER Ich geh nochmal naus und hol an Kaffee. *Ab.*

GERDA Den Bericht hab ich auch gesehen. Mir wars hinterher direkt schlecht. Die armen Viecher sehn nie das Sonnenlicht, da sieht man erst, wozu der Mensch alles fähig ist, wenn man sich so einen Bericht anschaut.

ONKEL Wemma bedenkt, was der Mensch alles frißt.

TANTE Bei uns gehts ja noch mit der Fresserei, aber die Franzosen, die fressen ja gleich alles: Schnecken, Froschschenkel, Schwalbenzungen ...

VATER Naa, des sind die Italiener, die sind ganz narrisch auf unsre Schwalben, drum kommen auch jedes Jahr weniger.

GERDA Wer hat schon einmal Weinbergschnecken mit Kräuterbutter probiert? Das ist eine Delikatesse.

Die ißt sogar der Manfred, obwohl der heikel ist mit dem Essen.

MANFRED Aber bloß dazwischen amal! Jeden Tag könnti's auch ned essen.

GERDA Das ist ja auch nur eine Vorspeise! Wer hat dir denn gesagt, daß du sie jeden Tag essen sollst? *Pause.*

MANFRED Ma muß halt alles ausprobiern, was's gibt.

ONKEL Des is bei die Weiber desselbe. Ma kann ned immer bloß ein und dieselbe – jetzt hätti bald was gsagt! Ma braucht ein wenig Abwechslung. Ma kann ned immer bloß a Kotlett essen, es darf auch amal a Jägerschnitzel sein.

GERDA Also, letztes Jahr, wie wir in Italien waren, haben wir auch alles ausprobiert, vor allem die Frutti die Mare.

TANTE Was isn des? Des mußt schon auf Deutsch sagen!

ONKEL Des werden halt so bratene Tittla sein!

TANTE Bist du a Saubär!

GERDA *lacht* Nein, das sind Meeresfrüchte!

TANTE Was, im Meer gibts auch a Obst, des hab i noch ned gwußt.

GERDA Nein, das ist kein Obst nicht, das heißt bloß so, weils im Meer wächst, das können zum Beispiel Tintenfische sein oder Krabben oder Muscheln oder alles zusammen und so weiter …

TANTE Pfui Teufel! Des Zeug täti ned nunterbringen.

MUTTER Ich auch ned. Mir wirds schon schlecht, wenni bloß dran denk, wie die Viecher auschaun.

GERDA Der Manfred wollts auch nicht essen, und dann hats ihm so geschmeckt, daß er sichs jeden Tag bestellt hat.

TANTE Naa, Tintenfisch, aus denen wird doch die

Tinten gmacht, naa, die täti nie im Leben nunterbringen, a so a Fraß. Pfui täts mich da ekeln!

MUTTER Könnt ihr beim Kaffeetrinken ned amal von was anderm reden als wie von so am abscheulichen Zeug? *Pause.* Wo wart'n ihr in Italien? Ich möcht ja auch gern amal nunter.

GERDA Wir haben euch doch eine Ansichtskarte geschickt, weißt das nimmer, wo das war?

MUTTER Mir ham doch vorigs Jahr so a Haufen Karten kriegt. Ich weiß nimmer, was für eine von euch war.

GERDA Wir waren in Cattolica.

MUTTER Siehst es, solche Namen kanni ma schon gar ned merken.

VATER Wo liegtn des?

GERDA Das ist an der Adria.

TANTE Ich möcht ned nach Italien. Ned amal gschenkt!

MANFRED Warum denn ned?

TANTE Naa, mich täten da keine zehn Gäul nunterbringen. Erst neulich habi in der Zeitung glesen, daß da a Bomben nach der andern in die Luft geht. Und jedsmal hats a Haufen Tote geben.

MANFRED Ach, des sind bloß Ausnahmen. An der Adria gibts sowas ned.

TANTE Aber wenns ein derwischt, is ma ka Ausnahme mehr! *Pause.* Und außerdem: Dene ihrn Fraß könnti ned essen.

GERDA Was der Bauer nicht kennt, das frißt er nicht.

TANTE Du, gell, beleidigen laß i mich von dir ned! Aber in Italien vergiften erst recht ned! Wieviel ham si da unten schon die Cholera gholt.

GERDA Nein, Italien ist völlig ungefährlich, aber die Türkei, das ist etwas anderes. Da kann man sich

ganz schön herrichten. Ein Arbeitskollege vom
Manfred hat sich dort eine Darminfektion geholt.
Das hat gut ein Jahr gedauert, bis sie wieder vorbei
war.

ONKEL Ich hab im Krieg auch amal sowas ghabt ...
Des war vielleicht was. Ich bin den ganzen Tag
nimmer vom Abort runterkommen!

TANTE Wenni nur einmal aufs Klo könnt! Wenni nix
einnehm, kanni manchmal acht Tag ned!

ONKEL Aber wennst dann drauf warst, kanni des Klo
acht Tag lang nimmer betreten!

MUTTER Habt ihr ned amal a anders Thema?

ONKEL Mir können ja über Thema Nummer eins reden.

FRITZ Was isn des?

MUTTER Du hältst jetzt dein Maul, du warst überhaupt ned gfragt. *Pause.* Horch, hat a ned a Auto
ghalten?

VATER Ich hab nix ghört.

GERDA Ich mein auch, daß da ein Auto gehalten hat.

MUTTER So, reißt euch zam, redet von was anderm,
jetzt wird gleich der Herr Pfarrer kommen. Ich geh
schon amal zur Tür.

*Mutter geht zur Tür. Alle warten auf das Läuten, doch
es tut sich nichts. Mutter geht wieder an ihren Platz
zurück. Die Gäste schauen sie fragend an.*

MUTTER Jetzt habi wirklich gmeint, da hätt a Auto
ghalten.

VATER Du wirst halt Halluzinationen ham.

MUTTER Du gell, reiß dich bloß zam! Ich hab die ganze Arbeit, du hast ned amal den klein Finger grührt,
und dann heißts, ich hab Hallu ... was?

VATER Halluzinationen.

MUTTER Was isn des?

VATER Wemma sich was einbildt.

MUTTER Ich glaub eher, daß du die Hallu ... wenn i's nur rausbrächt ...

VATER Halluzinationen.

MUTTER ... daß du des hast, weilst dir einbildst, weilst dir andauernd einbildst, du mußt an Schnaps ham. Des sind in meine Augen ...

GERDA Halluzinationen!

VATER Des is wirklich die beste Idee, wost heut ghabt hast. Am liebsten täti dir an Kuß dafür geben.

MUTTER Jetzt schnappt er auch noch über!

VATER Des war a gute Idee mit dem Schnaps. Der Willi mag bestimmt auch a Schnäpsla, und der Manfred auch.

HANNA Und was ist mit mir, mich hast wohl vergessen?

VATER Wie kann i'n des wieder gutmachen, daß i ausgerechnet dich vergessen hab, Ich hätt mas doch denken können.

TANTE Mich hast auch vergessen.

ONKEL Die hättst ned vergessen dürfen, mei alte Schnapsdrossel, die säuft doch jeden Tag ihr Gläsla Cognac.

TANTE Des hat ma sogar der Doktor verschrieben. Des brauchi fürn Kreislauf.

MUTTER Wer magn noch an Kaffee?

HANNA Ich nimmer. Glaubst es, ich spür schon die eine Tassen da. Mei Herz pumpert wie blöd.

ONKEL Darfi amal hinlangen und spürn, wies pumpert?

HANNA Des tät dir so passen. Was sagtn da dei Frau dazu?

TANTE Ach der, ich reg mich schon gar nimmer auf! *Pause.* So a Täßla Kaffee is immer wieder was Gutes! Ich könnt wirklich auf manches verzichten.

ONKEL Auf mich auch?

TANTE Des sowieso. Halt dei Maul, jetzt red ich: Ich könnt wirklich auf manches verzichten, aber mei Zeitung und mei Täßla Kaffee in der Früh, des muß i einfach ham. Des is die schönst Stund vom ganzen Tag.

ONKEL Da sieht mas amal wieder. Kaum is ma ausm Haus, legen sich die Weiber gleich auf die faule Haut!

TANTE Du bräuchst ja auch nimmer arbeiten mit deine achtundsechzig! Wozu kriegst a Renten?

ONKEL Ich hock doch ned den ganzen Tag daheim bei dir rum, da werdi ja blöd!

TANTE Dann darfst dich ned aufregen, wenn i's mir daheim auch a bißla schön mach.

MUTTER Streitet euch ned!

TANTE Mir streiten doch ned. Der hat doch wieder angfangt. Der gönnt ma ned mal des Stündla am Tag, wo i mei Zeitung les!

Längere Pause.

HANNA Ich hab grad was von eim Schnaps ghört.

MUTTER Ja, Hans, wennst deine Gäst an Schnaps anbieten tust, mußtn auch holen.

VATER Entschuldigt, gleich gibts an.

Vater ab, er kommt nach einer Weile mit zwei Flaschen zurück, sucht umständlich nach Gläsern in der Anrichte, bis seine Frau einschreitet.

MUTTER Saufen, des kannst, aber Gläser findst keine!

VATER Was brauch i'n Gläser? Ich sauf doch aus der Flaschen.

MUTTER Laß mich amal die Tassen wegtun, bevorst die Gläser hinstellst.

Mutter räumt zusammen mit Gerda ab.

VATER *zeigt beide Flaschen* Des is a Cognac, und des da is a Steinhäger. Ihr müßt schon sagen, was ihr wollt.

MANFRED Cognac!

MUTTER Die Sauferei is nochmal dei Tod.

VATER An schönern könnti ma gar ned vorstellen.

FRITZ Was isn des, Onkel Willi, des Thema Nummer eins?

ONKEL Da mußt dei Mutter fragen!

MUTTER Frag ned soviel, Bub, ich hab heut ka Zeit für dich!

Dunkel.

DRITTER AKT

Abendessen. Wieder wurde für den Pfarrer mitge-
deckt: es gibt Bratwürste mit Sauerkraut, Wurstplat-
ten und Käseaufschnitt. Längere Pause.

VATER Jetzt hamma vorhin erst gessen und an Kaffee
trunken, und jetzt gibts schon wieder was. *Pause.*
Ich kann mich bald nimmer rührn. Soviel eß i sonst
die ganze Woche ned. Ich glaub, ich muß schon
wieder mein Gürtel aufmachen, daß nochwas reingeht.

MUTTER Laßn lieber zu, es könnt jeden Augenblick
der Pfarrer kommen.

VATER Meinst, der hat da was dagegen, wenni mein
Gürtel aufmach?

MUTTER Wennst dich unbedingt vorm Pfarrer bla-
miern willst, mußtn halt offenlassen!

VATER Dann machi'n halt wieder zu. Dann bist du
schuld dran, wenni ka Luft mehr krieg. Aber eins
sagi dir, wehe, wenn der Pfarrer ned kommt!

ONKEL Ach, geh zu, der Pfarrer hat bestimmt nix dagegen, wenn einer sein Gürtel aufmacht. Wos
meinst, wie weit heut der sein Gürtel aufmachen
muß, daß alles reingeht, was er kriegt.

FRITZ Früher war auf die Gürtel gstanden »Gott mit
uns«!

ONKEL Ja, stimmt, Fritz. Woher weißtn des?

FRITZ Der Pfarrer hats derzählt im Konfirmandenunterricht! Früher, da warn die Leut noch fromm, hat
er gsagt.

ONKEL Mei Vater hat auch so an Gürtel ghabt, wie er
Soldat war.

FRITZ Und aufm Geld war auch was vom lieben Gott gstanden, aber heut, hat der Pfarrer gsagt, denkt keiner mehr an Gott. Ned amal aufm Geld steht mehr was drauf!

Längere Pause.

TANTE Wo hastn du die Bratwürst kauft?
MUTTER Na da, wo i's immer kauf, beim Ritter.
TANTE Die sind fei wirklich gut.
MUTTER Magst noch zwei?
TANTE Naa. Bei meim Metzger, beim Wendler, kanni keine mehr kaufen. Die sind des blanke Salz, aber die da ...
GERDA Ich platze bald. Ich kann nicht mehr. Manfred, hilf mir!
TANTE Ich kann machen, was i will. Bei mir kommt der Appetit immer beim Essen.
MUTTER Heut mach ma halt nochmal a Ausnahm. Ab morgen weht a andrer Wind. Dann gibts bloß noch des, was übrigblieben is. *Pause.* Gott sei Dank, daß die Feierei amal vorbei is!
GERDA Es ist nichts so schwer zu ertragen wie eine Reihe von Feiertagen.
MUTTER Es nächste, was kommt, is die Kerwa. Da hamma noch lang hin. Da kömma noch alle mitnander abnehmen.
ONKEL Vorher is aber noch mei Geburtstag. Den dürft ihr ned vergessen. A Fäßla Bier zahli schon.
VATER Vorigs Jahr war dei Geburtstag an am Sonntag. Wennst an am Sonntag ghabt hast, hast heuer an am Montag.
ONKEL Naa, es is wieder a Sonntag.

35

VATER Wart, ich schau amal im Kalender nach! *Steht auf, geht zur Anrichte und schaut im Kalender nach.*

MUTTER Des wird ja immer schöner! Mitten unterm Essen aufstehn! Und des soll a Vorbild sein für unsern Buben?

VATER *setzt sich wieder* Was, des gibts doch ned! Du hast ja schon wieder an am Sonntag. Jetzt hätti fast an Kasten Bier gwettet, daßd an am Montag hast.

ONKEL Du wirst halt vergessen ham, daß ma vorigs Jahr a Schaltjahr ghabt ham.

VATER Siehst, da habi jetzt nimmer dran dacht. *Pause.* Lach ned so dumm, Bub! Der Lümmel grinst in einer Tour!

MUTTER Laßn halt, der freut sich.

VATER Naa, auslachen tut er mich. Der lacht sein Vater aus, weil er an Fehler gmacht hat. Gleich kriegst a Watschen, du Rotzlöffel!

MUTTER Dem tust ma heut nix. Der hat heut sein großen Tag!

FRITZ *ängstlich* Ich hab dich doch gar ned ausglacht, Papa, wirklich ned, ehrlich ned. Ich hab bloß glacht, weil der Onkel Willi Grimassen gschnitten hat mit seim Gsicht!

ONKEL Laßtn halt sei Freud, euerm Buben.

TANTE Die Kinder müssen heut sowieso soviel lernen in der Schul.

MANFRED Wer weiterkommen will, muß was lernen. Des is heut nimmer so wie früher. Wenn ich ned drei Jahr lang jeden Abend in die Schul gangen wär …

GERDA Es sind halt nicht alle so strebsam wie du. Du darfst nicht vergessen, Manfred, daß nicht alle so sind wie du.

VATER Was solln des wieder heißen?

GERDA Gar nix.

VATER Mir kann keiner was vorwerfen. Ich hab bis jetzt mei Familie ernähren können.

GERDA Dich wollt doch gar keiner angreifen. *Pause.* Es ist deine Schuld, wenn du dich immer gleich angegriffen fühlst.

Längere Pause.

HANNA Ich ärger mich heut noch, daß i nix glernt hab. A halbs Jahr war i grad auf der Oberschul, dann hams mich wieder runter, weili stinkatfaul war. Ich hätt von daheim aus a Unterstützung braucht. Aber denen war doch alles wurscht, was i gmacht hab. Die hamma alles glaubt. Die ham ned amal gfragt, ob i mei Hausaufgaben gmacht hab. Na ja, jetzt is zu spät. Wenni denk, was i alles werden hätt können.

GERDA Bei mir war das dasselbe. Ein Mädchen, hat es da geheißen, braucht nicht auf die höhere Schule, die soll einmal einen G'studierten heiraten, das langt.

MANFRED A G'studierter bin i ned grad.

ONKEL Da gibts so an Witz, was ma sein müßt. Im Winter a Maurer und im Sommer a Lehrer, dann könnt mas aushalten!

HANNA A Lehrerin möchti ned sein, wo die Kinder heutzutag so frech sind. Die lassen sich nix mehr sagen. In so a Schul gehts zu, da denkst, du bist im Puff.

ONKEL Ich wär bestimmt auch was worden, wenni mei Frau ned gheirat hätt.

TANTE Ja, ich weiß schon, was worden wärst: a Depp!

ONKEL A Depp war i sowieso, daß i dich gheirat hab. Ich glaub, da war i geistig ned zurechnungsfähig!

TANTE Des bist wirklich, seiti dich kenn. *Lacht.* Da hast amal a wahrs Wort gsagt! Selbsterkenntnis ist der erste Beweis auf dem Weg zur Besserung.

ONKEL Lach ned so dreckat!

TANTE Wie solli sonst lachen?

ONKEL Ich wär bestimmt was worden, wenni dir ned übern Weg glaufen wär.

TANTE Wennst ned gsoffen hättst, hättst was werden können. Da hättst jetzt a Mordstrumm Rente und bräuchst mit deine achtundsechzig nimmer arbeiten!

VATER Wenni amal so alt bin, arbeiti nimmer. Ich nehm doch die Jungen ihrn Arbeitsplatz ned weg. Wenni amal so alt bin, arbeiti ned einen Tag länger. Ich hör auf.

ONKEL Ich hab ja Marken klebt, aber von meiner Rente könnt ma ka große Sprüng ned machen.

VATER Die, wo ka Marken klebt ham, sollten lieber ihr Maul halten.

ONKEL Die können auch nix dafür. Die sind halt da reingschlittert. Meinstens sinds die Selbständigen, wo ka Marken ned klebt ham. Weißt, da warn halt Kriegszeiten. *Pause.*

VATER Ich garantier dir hundertprozentig, ich arbeit kein einzigen Tag länger, wie i muß!

MUTTER Davor grausts ma jetzt schon, wenn du amal den ganzen Tag daheim bist!

VATER Neulich, wie i mein Gartenzaun gstrichen hab, is der Michels Karl vorbeiglaufen, des war a Arbeitskolleg von mir, der kriegt jetzt auch sei Rente. Mir sind halt a bißl ins Plaudern kommen …

MUTTER Langt fei zu, da is noch mehr Wurscht!

VATER Der Karl is dreiundsechzig. A Jahr hats dauert, bis er sei Rente kriegt hat. Jetzt macht er sichs schön: jeden Tag, sagt er, geht er zum Frühschoppen. *Pause.* So stelli ma des auch amal vor. So kann mas aushalten, aber bis er sei Rente kriegt hat, da hat der a Schreiberei und a Zeug ghabt. *Pause.* Da hams soundsoviel Sachbearbeiter, und je mehr daß ham, desto länger dauerts. Des ganze Steuergeld schluckt bloß der Apparat!

MANFRED So schlimm is auch wieder ned.

VATER Du mußts ja wissen, du bist ja selber bei der Bande! *Pause.* Aber der Michels Karl is schon a feiner Kerl, des muß i schon sagen. Der lebt sei Leben. Recht hat er!

GERDA Es dreht sich halt alles wieder mal ums liebe, liebe Geld. Man braucht es nicht unbedingt, aber es beruhigt die Nerven. Schön, wenn man so ein Konto hätte, von dem man soviel abheben könnte, wie man wollte!

HANNA Ich überzieh mei Konto immer.

TANTE Ihr seid ja blöd, daß ihr euer Geld auf die Sparkasse tragt, daß's hin wird.

MANFRED Wenns hin wird, wirds daheim erst recht hin!

GERDA Das is eine veraltete Einstellung, wenn man kein Konto hat.

TANTE Was nutzt ma des moderne Glump, wenn mei Geld hin is?

ONKEL Nachm Krieg wars auch hin, unser ganzes Geld. Aber des war des Allerwenigste! *Pause.* Mir könna froh sein, daß ka Krieg mehr kommt und des ganze Geld wieder hin wird! *Pause.* Überhaupt der Krieg, des können sich die Jungen gar nimmer vorstellen, was ma da alles mitgmacht ham. Daheim war a Luftangriff nachm andern. Und die ganze Stadt in Schutt und Asche. Und zuletzt bin i auch noch in Gfangenschaft kommen. Da habi heut noch mein Rheumatismus her.

VATER Den Krieg hätt ma ned verlieren brauchen, wemma andere Verbündete ghabt hätten!

ONKEL Und ich sag dir, der Krieg war schon verloren, bevor ma'n überhaupt angfangt ham.

MANFRED Der Meinung bin ich auch.

VATER Was weißtn du schon? Da hast noch in die Windeln gschissen, wie mir im Krieg warn!

GERDA Also, Hans!

VATER Da is doch nix dabei. Ich hab auch in die Windeln gschissen. Und du auch! Da gibts keine Ausnahmen ned! Alle müß ma in die Windeln scheißen, und sterben müß ma auch. *Pause.* Stell dir vor, wemma den Krieg gwonnen hätten, die ganze Welt tät uns ghörn!

MANFRED Wenn, wenn.

HANNA Wenn der Hund ned gschissen hätt, hätt er den Hasen kriegt.

MUTTER Habt ihr denn ka anders Thema? Ich hör bloß noch »scheißen«, da soll eim des Essen noch schmecken.

ONKEL Und ich sag euch eins: Ich bin sogar froh, daß ma den Krieg verloren ham. Des wär ned auszudenken gwesen, wemma'n gwonnen hätten.

MANFRED Der Meinung bin i auch.

ONKEL Du hast ja ned amal an ausländischen Sender hören dürfen, da bist gleich ins KZ kommen. Desselbe hat dir passiern können, wennst dei Hand ned hoch hast beim »Heil Hitler«. *Pause.* Wie i amal daheim auf Urlaub war, habi mitm Schmidtmeier gsprochen, des war vielleicht a alter Nazi, aber ein-

rücken hat er ned müssen, weil er a Verletzung vom
Ersten Weltkrieg her ghabt hat. Ich weiß ned, wie
ma draufkommen sind: Ich hab ihm gsagt, daß ma
den Krieg verlieren. Da hat er mich gfragt, ob i ned
an Endsieg glaub, naa, habi gsagt, lang dauerts nimmer und die Russen stehn vor der Tür, da hat er
mich beinah anzeigt. Der hätt sogar sein besten
Freund anzeigt, des war a zweihundertprozentiger
Nazi. Naja, jetzt is er auch schon gstorben!

MANFRED Des kamma sich heut gar nimmer vorstellen, was die Nazis alles gmacht ham. Aber schlimmer warn die, wo zu allem ja und amen gsagt ham,
die Mitläufer!

TANTE Was hätt ma'n sonst machen solln? Da warst
gleich weg vom Fenster! *Pause.*

ONKEL Und dann noch die Gefangenschaft! Drei
Jahr war ich in russischer Kriegsgefangenschaft,
drei Jahr in am Bleibergwerk! Wißt ihr, was des is, a
Bleibergwerk? *Keine Reaktion.* A Suppen hamma
kriegt, a Krautsuppen, da sind grad a paar Krautsfä-
den drinrumgschwommen, und dazu hats a Stückla
verschimmelts Brot geben. Mir warn bloß noch
Haut und Knochen. Und dann die Kält im Winter!
Wie die Fliegen sind die Leut wegstorben, die Russen sind über Leichen gangen, des war dene scheißegal, wieviel von uns verrecken! Daß ich des drei
Jahr lang durchghalten hab! Jetzt braucht ihr euch
ned wundern, warum i manchmal so saufen muß.
Prost mitnander!

MANFRED Weißt, wieviel Russen im Krieg umkom-
men sind, fünfundzwanzig Millionen, überleg dir
des amal, fünfundzwanzig Millionen!

ONKEL Ich habs ned umbracht. Ich hab kein einzigen
Mann derschossen. Ich kann nix dafür. *Pause.*

TANTE Jetzt hört amal mit dera Politisierei auf! Des bringt nix ein. Da gibts bloß an Streit. Simma froh, daß kein Krieg mehr gibt! Was ich für Ängst ausgstanden hab, bis der Willi wieder heimkommen is, des kanni keim ned sagen! *Pause.* Wer weiß, was auf euern Buben alles noch wart?

Längere Pause.

MUTTER Da, eßt noch was von dem Aufschnitt, und a Käs is auch noch da.

VATER Tät fei des Trinken ned vergessen. Wartet, ich schenk a Bier nach.

TANTE In der ärgsten Not schmeckt die Wurscht auch ohne Brot.

ONKEL Da weißi an Witz von am Pfarrer, kennt ihr den schon?

VATER Derzähl mal!

ONKEL Da is amal a Pfarrer auf a Tauf kommen zum Abendessen. Da hams ihm an ganzen Teller Wurschtbrote hingstellt. Erst frißt er die ganze Platte leer, dann nimmt er noch a Käsbrot, ißts und sagt: »Käse schließt den Magen!« Nach a paar Jahr kommt er wieder, da stellens ihm bloß an Teller Käsbrote hin. Da sagt er: »Käse öffnet den Magen« – frißt den ganzen Teller leer und sagt: »Käse schließt den Magen!«

Lachen.

MUTTER Wo er nur bleibt, der Pfarrer. Jetzt sind die Bratwürst längst kalt und gessen hamma auch schon wieder! Jetzt müßt i mich wegen dem Pfarrer extra nochmal in die Küche nausstelln und welche braten!

VATER Auf des Kraut brauch ma aber a Schnäpsla! An
    Zwetschgenschnaps hätti da, wenn ihr an wollt?
ONKEL A Zwetschgen, des is was Reines. Des is die
    beste Medizin.
TANTE Da trinki auch a Gläsla mit.
HANNA Mei Alter steht auf Whisky, aber ich mag
    lieber an Weißen, an Wodka oder an schönen
    Obstler!

*Vater geht raus, kommt nach kurzer Zeit mit einer
Flasche Zwetschgenwasser zurück; Mutter holt inzwischen Gläser aus dem Schrank. Bei der Gelegenheit
öffnet sie auch noch das Fenster.*

MUTTER Ich glaub, ich muß amal a bißl frische Luft
    reinlassen! Die Luft da herin is schon lang ver-
    braucht.
VATER *kommt zurück* Mensch, is da kalt! Kaum geht
    ma naus, reißts schon wieder a Fenster auf. *Geht
    zum Tisch.* Der is eiskalt, der Schnaps. So schmeckt
    er erst richtig. *Er schenkt ein.*
MUTTER Wie ma bloß so süchtig aufn Schnaps sein
    kann! Des is a richtige Sucht. Ich mag ihn ned.
ONKEL *singt* »Schnaps, das war sein letztes Wort,
    dann trugen ihn die Englein fort.«
TANTE Mir ham fei ned Fasching! An einer Konfir-
    mation wird ned gsungen.
VATER Also, prost auf unsern Konfirmanden. Da,
    nipp amal! *Er reicht ihm das Glas rüber.*
MUTTER Der Bub soll doch sowas ned trinken!
VATER Heut darf er schon amal nippen.

Fritz nippt, hustet fürchterlich, hört nicht mehr auf.

MUTTER Da, trink an Schluck Limo nach.

FRITZ *hustet noch stärker* Jetzt habi mich verschluckt.

VATER Zu blöd zum Saufen is er, glaubst es! So blöd bin i ned. Bei mir is a Glas schon leer, wenn i's anschau. Der grät seim Vater ned nach.

MUTTER Hoffentlich. Des is mei größte Sorg. Des darf amal ka Säufer ned werden!

Fritz hustet weiter.

MUTTER Da schaui schon drauf, daß ma der Bub amal kein Schnaps ned anrührt.

Vater steht auf, klopft dem immer noch hustenden Fritz auf den Rücken.

FRITZ *hört schlagartig auf zu husten, schreit aber* Au! Au! Au! Des hat fei wehtan!

MUTTER Du bist vielleicht ein Grobian! So arg hättstn ned aufs Kreuz schlagen brauchen. *Pause.* Tuts dir noch weh, Bub?

FRITZ Au! Mei Kreuz!

VATER Des war doch bloß a freundschaftlicher Boxer! Des kann doch gar ned wehtan ham! Du hast den Buben ganz schön verzogen. A richtiger Mann tät seine Zähn zambeißen!

MUTTER Du hättst ma den Buben schon längst derschlagen, wenn ich ned gwesen wär.

VATER Bei dem Kerl is ka Schlag zuviel! Den ganzen Tag hängt er an seiner Mutter ihrm Rockzipfel. Was meinst, was ich für Schläg kriegt hab, wie i so alt war?

MUTTER Deswegen mußt ned so grob zu dem Buben sein!

VATER Ja, helf ihm nur wieder!

MUTTER Da muß i'm freilich helfen.

VATER Der Bub, der Bub, der Bub. Den ganzen Tag
höri nix anders! Du und dei Bub! Aber von mir sagt
keiner was. Ich bin bloß zum Arbeitn recht und
zum Geldverdienen! *Fängt an zu brüllen.* Ich bin ja
bloß es Arschloch. Ich darf arbeiten, bis i umfall.
Der Bub, der Bub, der Bub! Steck dir'n doch in dein
Arsch rein, dein Buben!
MUTTER Brüll ned so! Des Fenster is offen.
VATER Des kann jeder hören, was i zu sagen hab.
MUTTER Des habi kommen sehn, daßd wieder anfängst zum Brüllen! Des kann ja auch ned gut gehn,
was du heut wieder gsoffen hast. An Schnaps
nachm andern. Aber du weißt, was i dir gsagt hab.
Brüllt jetzt auch. Wennst vor der Verwandtschaft
wieder es Brülln anfängst, laufi auf und davon! Du
kannst mich bloß vor andre Leut schlechtmachen.
Wemma allein sind, traust dich nix. Ich lauf noch
auf und davon!
VATER Machs halt und nehm dein Buben gleich mit!
Ihr zwei paßt sowieso viel besser zam! Ich bin doch
bloß geduldet.
MUTTER *fängt an zu heulen* Des is der Dank dafür,
daß i ma so a Arbeit gmacht hab. Ich wollt bloß alles schön machen. Der Bub sollt a schöne Konfirmation ham. Aber du, du kannst bloß alles kaputt-
machen. Du gönnst ihm nix, dem Buben. Und
mich, mich kannst bloß vor der Verwandschaft
zamputzen! Jetzt hast wieder amal dein wahren
Charakter zeigt!
VATER Jetzt bin ich wieder der Schuldige. Ich bin ja
bloß es Arschloch. Aber du, du bist die Liebenswürdigkeit in Person!
MUTTER *schluchzt noch immer* Des kommt bloß alles
von deiner Scheiß-Sauferei!

VATER Ich bin doch blöd. Andre Männer täten sich des ned gfallen lassen. Da hättst längst eine in der Fresse!

MUTTER Des tät grad noch fehlen, a wehrlose Frau schlagen. Des kannst ja probieren!

VATER Ich bring des Geld heim und dann mußi mich auch noch von dir rumkommandieren lassen!

MUTTER Des is immer desselbe. Die schmutzige Wäsch vor die andern Leut waschen, des kannst. Und sowas will a Mann sein! Pfui Teufel kamma da bloß sagen! Vor dir kamma ma ja nur ausspucken!

VATER Und du, meinst vielleicht, du bist besser? Des solln ruhig alle hören, was du für eine bist!

Es wird jetzt nicht klar, ob es Absicht war oder nur eine unbedachte Handbewegung. Der Vater wirft einen Teller auf den Boden, der sofort zerspringt.

MUTTER Mit dir bin i heut fix und fertig. Ich sag nix mehr zu dir!

Sie verläßt heulend den Raum nach links und schlägt die Tür hinter sich zu. Eisiges Schweigen der Gäste. Sehr lange Pause. Fritz fängt an zu heulen.

TANTE Des hast jetzt davon, jetzt heult er, der Bub. Heul halt ned a so!

Längere Pause. Fritz heult weiter. Gerda steht demonstrativ auf, wirft einen strafenden Blick auf den Vater und geht nach nebenan ins Schlafzimmer.

Dunkel.

Pause.

VIERTER AKT

*Anna und Fritz begutachten die im Hintergrund auf-
gebahrten Geschenke. Am Tisch spielen die drei Männer beinahe lautlos Karten. Hanna macht sich in der
Küche zu schaffen. Unterschwellig herrscht immer
noch eine etwas gedrückte Stimmung, die noch kein
richtiges Gespräch aufkommen läßt.*

TANTE Jetzt muß i doch amal dei Geschenke anschaun, Fritzla! Hast du vielleicht a Haufen Zeug
kriegt! Soviel habi ned amal an meiner Hochzeit
kriegt. Na ja, da hats ja auch noch nix geben. Aber
jetzt kamma sich was kaufen, wemma a Geld hat.
Des is heut alles anders. *Pause.* Von wem hastn
eigentlich dein schönen *faßt den Anzug an* Konfir-
mandenanzug kriegt? Des is a guter Stoff! Merkt
ma schon, wemma'n anfaßt.
FRITZ Vom Papa und der Mama.
TANTE Von dem Anzug hast noch lang was. In den
kannst reinwachsen. Der hält schon a paar Jahr!
FRITZ *zeigt voller Stolz seine neue Armbanduhr* Da,
schau her, was i von meim Paten kriegt hab.
TANTE Is des a schöne Uhr! Die war bestimmt ganz
schön teuer. Da hat sich dein Pat aber angstrengt.
FRITZ Da is auch des Datum drauf. *Pause.* Heut hamma den fünfzehnten.
TANTE Des is praktisch. Da weißt immer's Datum,
wennst draufschaust.
FRITZ Und automatisch gehts auch noch. Die braucht
ma ned aufziehen. Ich brauchs bloß so machen
schüttelt sein Handgelenk dann ziehts sich von selber auf. Wasserdicht und stoßfest is auch noch, und

es Zifferblatt leucht' in der Nacht. Jetzt weiß i nachts auch, wieviel Uhr daß is.

TANTE Was die heut alles aufbringen! Ich sags ja. Eines Tags braucht keiner mehr was arbeiten, da geht alles automatisch. Ich derlebs nimmer, aber du schon. Paß auf, euch fliegen nochmal die bratnen Tauben ins Maul! *Pause.* Warum isn dei Pat eigentlich ned kommen?

FRITZ Mei Pat und mei Vater, die ham doch was mitnander. Die streiten sich schon lang. Aber mei Pat hat gsagt, daß i zu meiner Konfirmation trotzdem was krieg, weil sich des so ghört. Und außerdem hat er gsagt, kann ja ich nix dafür, daß er sich mit meim Vater streit. *Pause.*

TANTE Und erst die Blumen, des is wirklich a wahre Pracht! A Haufen Blumenstöck hast du vielleicht kriegt. Wieviel sindn des im Ganzen? Des sind ja allein schon eins, zwei, drei, vier Alpenveilchen!

FRITZ Bis jetzt sinds fünfzehn Stück. Und dann habi auch noch acht Päckla Tachentücher, fünf Paar Socken und zwei Hemden kriegt. Von die Hemden willi ja nix sagen, aber was soll ich mit die Blumen? Ich bin doch ka Madla. Von die habi doch nix, wenns verblüht sind. Wenns ma für jeds Blumenstöckla bloß fünf Mark geben hätten, hätti fünfundsiebzig Mark. A Geld wär ma lieber gwesen.

TANTE Tu nur fest sparen, Bub! Wieviel Geld hastn kriegt?

FRITZ Hundertzwanzig Mark. Von euch fünfzig, von unsre Nachbarn zwanzig …

TANTE Sparst schon auf was?

FRITZ A Kofferradio kaufi ma!

TANTE Was isn des schwarze da?

FRITZ *nimmt es in die Hand* Des is mei Gsangbuch. Schau her, da hat ma fei mei Patin was reingschrieben. Willst es amal lesen?

TANTE Ich hab mei Brille ned dabei. Les ma's amal vor!

FRITZ *liest mit Leierkastenstimme*
»Ich wünsche dir, daß Sonnenschein
dir immer strahlt ins Herz hinein,
daß dir erblüht solch hoher Mut,
daß alle Menschen dir sind gut,
daß du mit Fleiß und redlich Streben
erwirbst dir einen Platz im Leben.
Und wünsche dir, daß auf deinen Wegen
dir niemals fehle Gottes Segen.«
Und drunter steht noch: »Das wünscht dir deine Patin, Tante Eva!«

TANTE Des is aber schön. Hats des selber dicht?

FRITZ Des weißi ned.

TANTE Was isn des?

FRITZ *spricht es aus, wie man es schreibt* »Der Glöckner von Notre Dame«.

TANTE Wo hastn des her?

FRITZ Vom Werner. Des is a alter Freund von meim Vater.

TANTE A Buch, des is doch ka Geschenk für a Konfirmation! Blumen laß i ma noch gfalln, aber Bücher! Ich habs ned so mit die Bücher! Da wirst bloß blöd vor lauter Lesen.

FRITZ Aus dem Buch hams fei an Film gmacht.

TANTE Weißt es noch, wie dir dei Vater amal ka Geld fürs Kino geben wollt, weilst was angstellt hast?

FRITZ Naa.

TANTE Da hast an Tobsuchtsanfall kriegt, dich am Boden gwälzt und Rotz und Wasser gheult. Des habi ned mitanschaun können, da hab i dir a Geld geben, aber rein hast trotzdem ned dürft, weilst dich so aufgführt hast. *Pause.* Wie die Zeit vergeht. Des is jetzt auch schon wieder fünf, sechs Jahr her. *Pause.* Jetzt mußi aber mal schaun, was dei Mutter macht. Seit einer dreiviertel Stund is jetzt schon da drin, oder is gar schon a Stund?

Anna geht ins Schlafzimmer, Gerda kommt wieder zurück. Fritz hat sich das Buch vorgenommen, er liest im Stehen.

VATER Was isn los?

GERDA Was soll denn los sein? Sie redet halt nicht mehr mit dir, hat sie gesagt.

VATER Des is ma auch wurscht.

GERDA Aber recht ist es nicht, das Ganze, was du gemacht hast. Die ist ganz schön mit den Nerven fertig!

VATER Von meine Nerven spricht keiner.

GERDA Es hat lang dauert, bis ich sie beruhigt hab. Nein, das hättest du an einem Tag wie heut nicht tun dürfen.

VATER Jetzt fängst du auch noch mit mir an. Die is selber schuld. Ich hab ned angfangt! *Zu Fritz, der von seinem Buch aufschreckt.* Geh rein und sag deiner Mutter, sie soll sich wieder um ihrn Besuch kümmern.

Fritz ab.

VATER Na, wie wärns jetzt mit am Schlückla Wein und am Stückla Torten?

ONKEL Naa, ich mag nix, da müßti bloß kotzen! Ich bleib beim Bier. Aber a Schnäpsla könnst ma geben.

Vater schenkt ein. Anna kommt zurück.

TANTE Jetzt hörst aber auf mit deim Schnaps! Morgen bist wieder a Häufla Elend, dann mußi dich den ganzen Tag lang pflegen! Ich kenn dich. Aber a Schlückla Wein und a Stückla Torten, des tät dir nix schaden, aber du bist und bleibst halt a eigensinniger Kerl. A Schlückla Wein schadet keim was: Wein auf Bier, das rat dich dir!

FRITZ *kommt zurück* Die Mama kommt gleich!

VATER Sag ihr, daß meinetwegen bleiben kann, wo der Pfeffer wächst!

FRITZ Solli jetzt zu ihr?

GERDA Nein, das hat er nicht so gemeint.

TANTE Hopp, Hans, jetzt versöhnst dich wieder mit deiner Frau. Des hat kein Wert, wenn an einer Konfirmation gstritten wird.

VATER Ich soll mich versöhnen? Die hat angfangt!

TANTE Des Böse hilft nix! Probiers amal im Guten. Der Klügere gibt nach. Einer muß immer nachgeben.

ONKEL Des mußt ausgerechnet du sagen, wost so gern streitst!

VATER Immer soll ich nachgeben. Ich hab in meim Leben nix wie nachgeben.

TANTE Jetzt kriegst wohl dein Moralischen? *Pause.*

VATER Weils wahr is!

TANTE Komm, sei halt ned so, geh rein zu deiner Gretl und versöhn dich mit ihr …

Vater trinkt noch ein Glas Schnaps, geht dann zu ihr hinein. Längere Pause. Hanna kommt von rechts aus der Küche zurück.

HANNA So, jetzt hab i abgspült.

TANTE Bist du aber tüchtig. Des sieht ma dir gar ned an, daßd so häuslich bist.

HANNA Ich kann halt kein Dreck liegen sehn.

TANTE Dei Mann kann sich freun, wennst so tüchtig bist.

HANNA Der kann mich meinetwegen kreuzweis, ich mag gar nix sagen!

Pause. Hanna setzt sich hin, Manfred gießt ihr einen Schnaps ein.

MANFRED Stärk dich erst amal!

HANNA *kippt* Den habi jetzt wirklich braucht.

GERDA Der kann fei ganz schön gemein sein, der Hans. Wenn mein Manfred so wär, hätt ich ihn schon lange verlassen.

TANTE So sinds halt, die Männer, da muß ma sich dran gwöhnen.

MANFRED Der läßt sich ned soviel gfallen wie ich!

GERDA Jetzt sag bloß noch, daß das richtig war, was der getan hat, dann fang ich mit dir auch noch zum Streiten an. Alles, was recht ist!

MANFRED Immer die Erpressungen!

GERDA Ich glaub, du hast heut auch schon zuviel getrunken, du trinkst doch sonst nicht soviel!

MANFRED Na, wenn des Zeug doch da steht!

TANTE Ma braucht ned streiten …

ONKEL Des mußt ausgerechnet du sagen!

TANTE Ma braucht gar ned streiten, ma darf bloß ned alles sagen, was ma denkt …

ONKEL Mein Gott, wenni alles sagen tät, was i denk …

TANTE Ma darf bloß ned alles sagen, was ma denkt und ma muß, des kannst dir gleich amal merken,

Willi, ma muß auch amal den andern zu Wort kommen lassen!

ONKEL Ja, ich weiß, wenns ned nach deim Willen geht, bist ned glücklich.

GERDA Da hast recht, Anna. Man muß sich halt ein bißchen auf den Partner einstellen. Man muß auch einmal zurückstecken können.

HANNA Bis jetzt habi mei Maul ghalten, aber jetzt sagi's. *Pause.*

MANFRED *gießt ihr ein* Da, trink noch an Schnaps, Hannelore!

HANNA *rührt ihn nicht an* Bis jetzt habi immer zurückgsteckt, aber jetzt laß i mir nix mehr gfallen. Ich schluck nix mehr nunter. Ich freß nix mehr in mich rein. *Pause.* Was meint ihr, warum mei Alter heut ned mitkommen is? *Pause, keine Reaktion der anderen.* Weili jetzt meiner Weg geh, weili jetzt mach, was ich will. *Pause.* Ich bin ihm nämlich draufkommen, daß er mit einer andern was hat. Zuerst habi's ned glauben wollen. So blöd is ma. Wie der mich anglogen hat in letzter Zeit, des kanni euch gar ned sagen. Richtig ins Gsicht reinglogen hat er mich. Und je mehr daß er glogen hat, desto freundlicher war er. Ich war bloß noch sei »Schätzla«. Aber seit a Woche weißi, daß er a andre hat. Ich habs nämlich angrufen, da hat ers zugeben.

GERDA Willst dich denn da nicht von ihm scheiden lassen?

HANNA Daß er sich kaputtlacht? Naa, ich bin ned so blöd und laß mich scheiden. *Pause.* Den Gefallen tui ihm ned. Daß er die andre heiraten kann? Ich such mir jetzt auch ein. Ich leg mir auch an Freund zu. Der wird noch schaun!

GERDA Das sind doch keine Zustände!

HANNA Des is mir wurscht, was des is! Meinst, ich hab noch ka Männer ghabt, bevor i den gheirat hab? Ich war ka Kostverächterin. Ich bin kein Kind von Traurigkeit. Was der kann, des kanni schon lang.

Längere Pause.

TANTE So hat halt jeder sei Bündla zu tragen!
GERDA Ich an deiner Stell würd mich sofort von dem Kerl scheiden lassen.
HANNA Naa, die drei Jahr, wo i mit dem verheirat war, die vergessi ned so schnell. Des geht ned spurlos an eim vorüber.
ONKEL Wie wärn des, wenn ich dein Geliebter wär?
TANTE Wer magn dich schon, du alter Depp? Die sucht sich schon an Jungen. *Pause.* Wo die zwei nur bleiben?
ONKEL A richtige Versöhnung, des mußt aus eigner Erfahrung wissen, die dauert ihr Zeit.
TANTE Dafür werdens heut ka Zeit ned ham, wenn des Haus voller Leut is.

Vater und Mutter kommen zurück. Mutter hat sich inzwischen ein anderes Kleid angezogen.

MUTTER *wendet sich an Hanna* Du hast schon abgspült? Des hätts fei ned braucht.
HANNA Ich hab mich gelangweilt, wie die Männer Karten gspielt ham. Jetzt mußt du's nimmer machen. Du hast schon genug Arbeit.
TANTE Is alles wieder in Ordnung mit euch zwei?
MUTTER Erst eim den Kopf runterreißen und dann wieder schöntun! *Pause.* Jetzt müßt er eigentlich

kommen, der Pfarrer! Wenn er jetzt ned kommt, kommt er nimmer!

VATER Der is selber schuld, wenn er ned kommt. Dann müß ma halt den Wein selber saufen und die Torten selber fressen!

MUTTER A Torten frißt ma ned. Die hat an Haufen Geld kost.

VATER Selber schuld, der Pfarrer, dann geht er halt leer aus.

MUTTER Wer nicht kommt zur rechten Zeit, muß essen, was übrigbleibt.

VATER Der wird versumpft sein, der Pfarrer. Bei die Haufen Konfirmanden is des ja auch ka Wunder!

MUTTER So, jetzt muß i amal in mei Küch. Gerda, kommst bitte amal mit?

Mutter und Gerda ab.

TANTE So laß i's ma gfallen. Ihr könnt doch an einer Konfirmation ned streiten.

ONKEL Wie hat amal einer gsagt: Wennst zum Weibe gehst, vergiß die Peitsche nicht. Ich weiß zwar ned, wer des gsagt hat, aber der hat recht ghabt.

TANTE Jetzt zündet der sich schon wieder a Zigaretten an! Lang dauerts nimmer, und du rauchst auch noch mitm Arsch!

VATER Wieviel rauchstn du am Tag?

ONKEL A Päckla.

TANTE A Päckla? Des langt dir doch ned amal bis Mittag!

ONKEL Ich werds doch besser wissen.

VATER Ich rauch zwei Päckla.

HANNA Des is zuviel. Ich rauch manchmal gar ned, bloß wenni in Gesellschaft bin, rauchi wie a Schlot.

MANFRED Ich rauch seit am Jahr nimmer.

HANNA Alle Achtung, daßd des fertigbracht hast.

MANFRED Des war gar ned so einfach.

ONKEL Früher habi immer mei sechzig am Tag graucht, aber seit i bloß noch a Päckla rauch, sind mei Bronchien besser und mei Leber auch.

MANFRED Was hatn des Rauchen mit deiner Leber zu tun?

ONKEL Des weißi ned. Der Doktor hats halt gsagt.

MANFRED Ich mein halt, wemma was an der Leber hat, kommt des einzig und allein vom Saufen.

TANTE Gell, da siehst es amal wieder, aber mir glaubt ers ja ned.

Mutter und Gerda kommen mit einer stattlichen Torte zurück und einer Flasche Wein. Mutter holt noch Gläser aus der Anrichte, deckt den Tisch.

MUTTER So, a Gläsla Wein und a Stückla Torten darfst noch essen, dann mußt in dei Bett, Bub!

FRITZ Darfi ned noch a bißla aufbleiben?

MUTTER Des sehn ma schon. Iß erst amal dei Torte!

Vater schenkt Wein ein.

ONKEL Also, mir gibst kein.

VATER Gut, dann trinki halt dein Teil mit.

TANTE Du kannst doch ka Bier zu deiner Torten trinken!

ONKEL Ich hab dir doch gsagt, daß i nix mag. Wie oft solli denn des noch sagen?

TANTE Bei dem Mann is Hopfen und Malz verloren. Der bringt mich nochmal ins Grab.

ONKEL Dann kanni mir endlich a andre suchen.

GERDA Wie hat jetzt dein Konfirmationsspruch gheißen, Fritz? Ich hab ihn schon wieder vergessen.

FRITZ *zögernd* »Unser Glaube ist der Sieg, der die Welt überwunden hat!« Erster Johannis, fünftes Kapitel, vierter Vers.

HANNA Ich hab mich heut schon in der Kirch besonnen. Glaubst, ich wüßt mein Konfirmationsspruch noch? Ned ums Verrecken.

TANTE Ich vergeß mein mei Lebtag ned: »Es sollen Berge weichen und Hügel hinfallen; aber meine Gnade soll nicht von dir weichen, und der Bund meines Friedens soll nicht hinfallen, spricht der Herr, mein Erbarmer.«

FRITZ Der is aber lang. Den könnti ma ned merken.

TANTE Gell?

MUTTER Meiner heißt: »Finsternis bedeckt das Erdreich und Dunkel die Völker, aber über mir geht auf der Herr, und seine Herrlichkeit erscheint über dir.«

VATER Ich weiß mein nimmer.

MUTTER Aber ich weißn. Du weißt ja auch ned, wann dei Vater Geburtstag oder Todestag hat, du kannst dir ja rein gar nix merken. Und dabei is dei Konfirmationsspruch ganz kurz: »Vom Anfang der Sonne bis zu ihrem Niedergang sei gelobet der Name des Herrn!«

MANFRED Ich weiß ned, ob i mein noch zambring. So ungefähr heißt er: »Lehre mich tun nach deinem Wohlgefallen, denn du bist mein Gott; dein guter Geist führe mich auf ebener Bahn!« Jetzt hab i'n doch noch zambracht.

TANTE Was ma mal glernt hat, vergißt ma so schnell nimmer. *Pause.* Jetzt fehlt bloß noch die Gerda.

GERDA Ich bin nicht konfirmiert worden. Ich war ja

damals noch katholisch. Ich bin erst durchn Manfred zum evangelischen Glauben übergetreten.

ONKEL Ich halt nix von die frommen Sprüch. Ich sag ma halt: Jeder soll nach seiner eignen Fasson selig werden!

TANTE Fritz, sag doch des nochmal auf, wasd auf deiner Konfirmandenprüfung aufgsagt hast.

MUTTER Gell, des hat er schön gmacht, unser Fritz! Ned a einzigs Mal is er steckenblieben, obwohl des ziemlich lang war, was er aufsagen hat müssen.

FRITZ Des war fei ausm Katechismus: »Das Sakrament der heiligen Taufe. Was ist die Taufe? Die Taufe ist nicht allein schlicht Wasser, sondern sie ist Wasser in Gottes Gebot gefaßt und mit Gottes Wort verbunden. Welches ist denn solch Wort Gottes?« Jetzt weißi nimmer weiter.

MUTTER Des macht ja nix, Bub. Hauptsach, du hasts in der Prüfung gwußt, wo alle Leut bloß drauf gwart ham, daßd nimmer weiter weißt.

FRITZ »Wie kann Wasser solch große Dinge tun? Wasser tut's freilich nicht, sondern das Wort Gottes, so mit und bei dem Wasser ist, und der Glaube, so solchem Wort Gottes im Wasser trauet, denn ohne Gottes Wort ist das Wasser schlicht Wasser und keine Taufe, aber mit dem Wort Gottes ist's eine Taufe, das ist ein gnadenreich Wasser des Lebens und ein Bad der neuen Geburt im heiligen Geist.«

VATER Jetzt kannst schon wieder aufhörn.

TANTE Daß die Pfarrer heut noch den Katechismus und die ganzen Auslegungen verlangen, wo alles moderner worden is?

FRITZ *ganz begeistert, daß er noch so viel auswendig kann* »Was bedeutet denn solche Wassertaufen? Es bedeutet, daß der alte Adam in uns ...«

VATER Prost, auf unsern Konfirmanden!

FRITZ »... durch tägliche Reue und Buße soll ersäuft werden – und sterben mit allen Sünden und bösen Lüsten ...«

VATER Also, prost mitnander! *Sie stoßen an.*

FRITZ »... und wiederum täglich herauskommen und auferstehen ein neuer Mensch, der in Gerechtigkeit und Reinigkeit vor Gott ewiglich lebe ...«

MUTTER Schön hast es glernt. Aber jetzt kannst langsam wieder aufhören.

TANTE Ich weiß auch noch an Haufen Zeug, was ma glernt ham. Wenni manchmal ned einschlafen kann ...

ONKEL ... dann sagst an Liedervers auf, des wissen ma langsam alle.

MUTTER Iß dei Torten, jetzt mußt gleich ins Bett.

TANTE Des Lied, was ma heut in der Kirch gsungen ham, habi auch noch auswendig gwußt: »Such, wer da will, ein ander Ziel, die Seligkeit zu finden; mein Herz allein bedacht soll sein, auf ...«

ONKEL Aufhörn! Mir ham doch jetzt ka Bibelstund. Langt schon, daß ma heut früh in der Kirch waren. Du tust wunder, wie fromm du bist!

TANTE Spotten darf ma ned. *Pause.* Wo er nur bleibt, der Pfarrer?

MUTTER Des is ma jetzt auch wurscht. Des is sei Schuld, wenna ned kommt. Ich hab alles hergricht. *Pause.* Hopp, Fritz, putz dir dei Zähn und zieh dein Schlafanzug an, dann darfst nochmal zu uns reinschaun.

FRITZ Darfi ned noch a bißla aufbleiben?

MUTTER Ich glaub, dei Vater muß a Machtwort mit dir sprechen.

Fritz ohne Widerrede ab.

VATER So, jetzt kömma langsam zum gemütlichen Teil übergehn, wenn der erstmal im Bett is.
ONKEL Jetzt kömma die Sau rauslassen!
TANTE Bist du wieder ordinär!
ONKEL Apropos Sau, da weißi an schöner Witz: A Bauer hat amal drei Säu ghabt ...
TANTE Den kenn ma schon in- und auswendig.
ONKEL Wer kenntn noch ned?

Niemand meldet sich.

ONKEL Gut, dann derzähli halt an andern! *Pause.* Den vom Bauern und der Bäurin, wo in die Stadt zum Zahnarzt fahrn? Den kennt ihr bestimmt noch ned.
TANTE Den hast auch schon hundertmal derzählt.
ONKEL Und den von dem Preußen, der wo sich rasieren lassen will?
TANTE Dir fällt auch nix Neues mehr ein.
ONKEL Dann derzähli halt kein.
VATER Neulich habi an schönen ghört. Ich weiß ned, ob i'n noch zambring ...
FRITZ *erscheint im Schlafanzug* Ich bin soweit!
MUTTER Sag schön »Gut Nacht!«

Fritz verabschiedet sich sehr umständlich von jedem, um noch Zeit herauszuschinden.

TANTE So, jetzt bist auch schon konfirmiert. Jetzt is der Tag auch schon wieder rum. Wie die Zeit vergeht!

GERDA Morgen kannst du einmal zu uns kommen und dem Manfred sein neues Modellflugzeug anschauen, wenns dich interessiert. Das hast du ja noch gar nicht gesehen.

MANFRED Ja, des machst!

ONKEL Wann isn dei Konfirmandenausflug?

FRITZ Am Mittwoch.

ONKEL Wo fahrtn ihr hin?

FRITZ Ins Fichtelgebirge aufn Ochsenkopf.

TANTE Da paßt hin!

ONKEL Wenn ich a Ochs bin, bist du a Kuh!

VATER Hopp, a bißl dalli! Du könnst längst im Bett sein.

FRITZ Darfi ned noch mei Geschenke anschaun?

MUTTER Da hast morgen den ganzen Tag Zeit dazu. Jetzt gehst in dei Bett.

VATER Bis jetzt wars Spaß, aber wennst jetzt ned gehst …

Fritz zieht geknickt ab.

TANTE Des is halt schön, wenn die Kinder pariern!
Pause.

VATER Der Saubub hat mich ganz ausm Witzerzählen rausbracht. Ach ja, jetzt weiß i'n wieder: Da treffen sich zwei Freund. Sagt der eine, gell, der Schorsch hat schon a gscheits Pech mit sei Weiber. Fragt der andre: Warum? Sagt er, eine is ihm abghaut und die andre is ihm blieben.

HANNA Ha, ha, daß i fei ned lach! Herr Ober, ein Besteck zum Kitzeln!

ONKEL Ich werd dich gleich kitzeln, aber woanders.

HANNA Gell, du, sei amal ned so frech! Schließlich bin i immer noch verheirat!

ONKEL Des is immer desselbe mit die Weiber. Wie ham früher immer die Bauern gsagt? Die ham recht ghabt:
»Weibersterben, des is ka Verderben,
aber Gäul verrecken, des is a Schrecken!«

VATER Es war schon mitten in der Nacht: Der Karl hat an Mordstrumm Rausch ghabt und gschrien wie blöd. Ja, und gsungen hat er auch noch. Da kommt a Bulle und scheißtn zam: »Sinds jetzt leis! Sie wecken ja noch die Leut auf mit ihrm Gschrei!« Sagt der Karl: »Mei Alte is heut nacht abghaut!« Sagt der Bulle: »Toll, aber müssens deswegen gleich so laut feiern?«

Keiner lacht; längere Pause.

GERDA Den hab ich auch schon mal gehört! So, Manfred, ich glaub, wir müssen uns langsam fertig machen, du mußt ja morgen früh wieder zeitig raus!

MANFRED Jetzt, wo Witz erzählt werden, solli gehn?

TANTE Da war amal so a Fronleichnamsprozession bei die Katholischen. Des Fritzla und sei Schwesterla ham zugschaut. »Was machtn der Gockel da mit dera Henne?«, fragt es Fritzla, da sagt sei Schwesterla: »Der is bloß auf die Henne gstiegen, daß er die Prozession besser sehn kann.«

Alle lachen.

GERDA Schau her, das ist wirklich unvernünftig, wie du dich aufführst. Wenn wir jetzt nicht gehen, kommst du morgen früh wirklich nicht ausm Bett!

ONKEL Bleibt halt noch a bißla da! Laß dich halt noch a bißla anschaun, Gerda. So häßlich bist gar ned.

GERDA Vielen Dank! *Pause.* Ihr wißt das nicht, wie das ist. Wenn er morgen nicht ausgeschlafen hat, ist er unausstehlich.

MANFRED Also, a Viertelstündla bleib ma noch.

VATER Des meini aber auch.

GERDA Deine Viertelstunden kenn ich.

MANFRED Ich muß ja morgen arbeiten. Ich muß aushalten, ned du!

MUTTER Jetzt bleibt halt noch a bißla.

MANFRED Da is so a Bauernknecht, der hat grad SNS. Wißt ihr, was SNS is? *Niemand reagiert.* Des heißt »sexueller Notstand«. Und weil er ned weiß, was er tun soll, packt er die weiße Geiß im Stall. Die reißt sich mitten im Gschäftla los und rennt mit ihm aufn Hof, da schaut grad die alt Oma ausm Fenster. Und weils kaum noch was sieht, sagts: »Des gibts doch ned! Der Fritzla hat schon wieder a neu's Moped!«

Lachen.

HANNA Den habi schon amal ghört, aber der is immer wieder gut!

MUTTER Hört halt mit dem Krampf auf! Was Bessers fällt euch wohl ned ein?

Längere Pause.

ONKEL *fängt an zu singen, niemand singt mit*
»Da oben aufm Berg,
da geht a Weg links.
Da hocken zwei Bauern,
pfui Teufel, da stinkts.
Holladidria, holladrihoppsassa,
holladidria, holladrio.

63

TANTE Des soll wohl schön sein, dein Gegröhl? Schön is was anders. Da weckst bloß den Buben auf.

ONKEL Die ham schon recht ghabt, die alten Bauern:
»Weibersterben, des is ka Verderben,
aber Gäul verrecken, des is a Schrecken!«

Dunkel.

FÜNFTER AKT

*Gerda und Manfred haben die Runde verlassen. On-
kel bleibt beim Bier, alle anderen trinken Wein. Außer
Mutter und Tante sind alle mehr oder weniger stark
betrunken.*

TANTE Bin ich froh, daß die endlich weg is!

MUTTER Die kann aber auch ganz nett sein!

TANTE Da habi nix davon gmerkt. Mir is bloß auf
Nerven gangen. *Pause.* Was ma auch gsagt hat, alles
hats besser gwußt. Die hat wohl die Weisheit mitm
Löffel gfressen, die siebengscheite Ding da. Dabei is
auch nix Bessers wie mir.

MUTTER Reg dich ned so auf!

TANTE Und wie sich die beim Reden ziert! Da denkst,
die beißt sich jeden Augenblick die Zunge ab!

MUTTER Des is doch schön, wemma anständig sprechen kann. Ich kanns ned.

ONKEL Ich tu ned lang rum. Ich red, wie ma der
Schnabel gwachsen is. Wenns drauf ankommt, kanni auch nach der Schrift sprechen. *Pause. Er macht
es vor.* »Ich habe mich so an die hochdeutsche Sprache gewöhnt, daß ich sie *extremerDialekt* goä nimmä louä koo.« *Lachen.* A so a Weib wenni hätt, die
hätti schon längst davongjagt. Da is ma sogar noch
mei Alte lieber!

TANTE Gell, da siehst amal wieder, wasd an mir hast!

ONKEL Des war a Fehler. Loben darf ma dich ned,
sonst wirst bloß übermütig.

TANTE Die bildet sich vielleicht was ein!

HANNA Der Manfred wär schon in Ordnung, wenna
ned so a blöde Kuh hätt. *Sie imitiert Gerda.* Komm,
Manfred, wenn du jetzt nicht gehst, kommst du

morgen wieder nicht aus den Federn! Manfred, komm endlich! Wenn du nicht gehst, geh ich allein, aber Manfred, das bin ich gar nicht gewöhnt von dir! *Pause.* Wenn ich der Manfred wär, täti amal mit der Faust aufn Tisch haun!

TANTE Gell, der tät dir raushängen, der Manfred?

HANNA Des wär schon mei Typ. Die, wo zampassen, kommen ned zam, und die, wo ned zampassen, heiraten. Der hat a blöde Frau und ich an blöden Mann. Warum mußn des so sein? *Pause.* Mei Alter, der hat vielleicht an Knall! Wißt ihr schon des Neuste? Wenni a Joghurt oder an Quark kauf, wo hinten a Datum draufsteht, schaut er erst aufs Datum, bevor ers frißt! Ich glaub, der hat Angst, ich vergift ihn. *Pause.* Naa, der Manfred, da täti ned nein sagen, aber jetzt is zu spät!

TANTE Wenns kein Streit gibt, des is auch nix ...

ONKEL Geh zu, wenn du amal kein mehr zum Streiten hast, bist ned glücklich!

TANTE Der Manfred wird halt alles in sich reinfressen, des is auch ned grad das Richtige!

VATER Wer hättn denkt, daß der so schnell unterm Pantoffel is? Des war eigentlich immer a feiner Kerl, a richtiger Kumpel, der hat jeden Blödsinn mitgmacht. Da sieht ma erst amal, was so a Weibsstück alles fertigkriegt! Jetzt macht er bloß noch, was sei Alte sagt. Ich glaub, der tät sogar ausm Fenster springen, wenns sagt ... *Versucht sie auch zu imitieren.* »Spring doch, Manfred-Schatz!«

MUTTER Was ihr nur habt? Die passen doch gut zam. Die führen doch a glückliche Ehe.

VATER Da pfeifi doch auf die Ehe, wenni mit so einer Beißzange zamleben müßt!

TANTE Ich hätt auch a gute Partie gmacht, wenni den

Sepp, den Buben von unserm Nachbarn gnommen hätt. Der steht heut vielleicht da mit seim Baugschäft! Dem sei Frau muß nix mehr arbeiten, die braucht sich die Finger nimmer dreckat machen!

ONKEL Hättstn halt gnommen!

TANTE Des sagt sich so einfach. Ach, is mir der lang hinterherglaufen, der Sepp. Ich hab ihn aber immer bloß ausglacht. Und dann is mir der Kerl da übern Weg glaufen …

ONKEL Wenni dich ned kriegt hätt, hätti a andre.

TANTE So a blöde ned, so eine kriegst nimmer!

MUTTER Neulich war im Fernsehn so a Film von einer Frau, die wo erst nach fünf Jahr gmerkt hat, daß den Verkehrten derwischt hat, da hats ihrn Jugendfreund wiedertroffen …

VATER Da sieht ma erst amal, wie schlecht die Weiber sind, da sinds fünf Jahr mit eim verheirat und da kommt a andrer angschissen und schon sinds Feuer und Flamme …

MUTTER Des kann auch nach zwanzig Jahr passiern. Wo halt die Liebe hinfällt …

VATER Des sind ja schöne Aussichten!

HANNA Die Männer sind doch viel schlechter. Ich brauch bloß mein anschaun. Der is schlecht durch und durch! *Pause.* Daß der Manfred die Gerda gheirat hat, wo die ned amal a gute Figur hat! Ich will mir nix einbilden, *stellt sich in Positur wie ein Mannequin* da hab ich a andre Figur.

ONKEL Hopp, mach amal an Striptease!

HANNA Was zahlstn?

ONKEL Ich hab ka Geld dabei. Da mußi erst amal mei Frau fragen.

HANNA Ich hab halt doch den verkehrten Beruf glernt. Mit dem da täti mehr verdienen. *Sie knöpft*

den obersten Knopf ihrer Bluse auf, dann den näch-
sten usw. In diesem Augenblick tritt Fritz auf, der
offensichtlich nicht einschlafen konnte. Hanna
knöpft ihre Bluse sofort wieder ganz verschämt zu.

FRITZ Mama, ich kann ned schlafen!
MUTTER *sieht die Armbanduhr an seinem Handge-*
lenk Ka Wunder, daß du ned schlafen kannst, du
hast ja noch dei Uhr an!
FRITZ Ich wollt bloß ausprobiern, ob die Zifferblätter
im Finstern leuchten.
MUTTER Die Uhr tust jetzt runter!

Fritz geht zur Anrichte, legt sie ab.

MUTTER Und jetzt Marsch ins Bett! Schlaf gut, Bub!

Fritz ab.

ONKEL So, jetzt kannst weitermachen mit deim Strip-
tease.
TANTE Des tät dir so passen, du alter Depp!
ONKEL So alt bin i auch wieder ned. Ma is immer so
alt, wie ma sich fühlt.
TANTE Wieviel Uhr isn jetzt eigentlich schon?
VATER Auf eins gehts.
TANTE Jetzt müß ma langsam heim.
ONKEL Ich bleib so lang, bis alles ausgsoffen is.
VATER Da tät ma übermorgen noch dahocken. Was
meinst, was i alles zum Saufen hab?
MUTTER Da tät ihr an Alkoholvergiftung sterben! So-
viel, wie ma da ham.
TANTE Stellt euch amal vor. Mir feiern Konfirmation,
und a paar Häuser weiter is a Leich!

ONKEL Was hastn alles zum Saufen da?

VATER Zwei Kästen Bier. Es is fast nix trunken worden.

TANTE Aber so kanns eim gehn, da lebt ma, und auf einmal is ma hin.

ONKEL Is des alles, wast hast?

VATER Schnaps is auch genug da, und im Keller is noch a Wein.

TANTE Wemma hin is, is ma hin! Ich möcht ned wissen, ob noch was nachkommt. Ma sagt ja, es kommt nix Bessers nach.

ONKEL Alte, was isn mit dir los? Du bist doch auf einer Konfirmation und ned auf einer Leich? *Pause.* Siehst es, jetzt bist auch bsoffen.

TANTE Ich bin mit einmal so müd! Jetzt wirds wirklich höchste Eisenbahn, daß ma heimgehn.

HANNA Mir langts auch. Soviel habi schon lang nimmer gsoffen, aber was mei Alter kann, des kanni schon lang. Ich bin doch ned blöd. Jetzt wird gsoffen und an Freund suchi ma auch.

TANTE *wendet sich an Mutter* Du kennst doch die Elisabeth. Weißt schon, die entfernt um zehn Ecken rum mit uns verwandt is, weißt schon, die in München wohnt. Kaum is ihr Mann unter der Erden gwesen, hats schon wieder an andern ghabt. Ned amal die Trauer hat die abgwart.

ONKEL Ich trauer amal ned um dich. Mei Leben is jetzt schon traurig genug.

TANTE Des sieht dir gleich! Da wirst dich umschaun, wennst mich nimmer hast! Wer putztn dann dein Dreck weg? Wo du so unselbständig bist!

Längere Pause.

ONKEL Ich laß mich amal verbrennen!

TANTE Was meinstn, wie des brennt, der ganze Schnaps, wo du gsoffen hast. Des gibt a schön's Feuerla.

MUTTER Meim müßt ma mal an Kasten Bier und die Schnapsflaschen in Sarg mitreinlegen.

VATER Wer hat denn gsagt, daß ich vor dir sterb?

MUTTER Des weißi schon, daß du mich überlebst! Meine Nerven hast sowieso schon hingmacht!

HANNA Glaubst es, wie ich gwußt hab, daß mei Alter a andre hat, da habi ma dacht, jetzt schlucki alle meine Schlaftabletten auf einmal, die ma der Doktor verschrieben hat, dann wäri weg gwesen!

TANTE Sowas darf ma ned sagen. Mit seim Leben darf ma ned spielen. *Pause.* Wegen so am Dreckskerl darf ma doch sei Leben ned wegwerfen. Da täti ma an andern suchen.

ONKEL Wennst noch an findst!

HANNA Siehst es, wie blöd ma als Frau is: Da kommt ma von so am Kerl ned los, weil ma'n amal gern ghabt hat. *Pause.* Aber so blöd bin i jetzt nimmer. Jetzt bin i schon drüber weg.

TANTE Jetzt wirds wirklich Zeit, daß ma gehn. Hopp, Alter, wenn ich ned den Anfang mach, der machtn ned! *Pause.* Gretl, holst bitte amal unsre Mäntel? Ich geh ned naus, sonst wecki bloß euern Buben auf.

HANNA Mein kannst auch gleich mitbringen. Ich hab auch die nötige Bettschwere.

VATER Es hat euch fei keiner gsagt, daß ihr schon gehn müßt!

ONKEL Du siehst doch: Mei Alte kann mich nimmer sitzen sehn!

TANTE Sowas Unvernünftiges! Die Gretl steht schon seit heut früh um vier auf die Bein. Schau hin, die kann sich kaum noch halten. Der fallen jeden Augenblick die Augen zu.

VATER Gell, ihr braucht fei noch ned gehn. Es is noch genug zum Saufen da.

TANTE Naa, jetzt gehn ma. Wemma jetzt ned gehn, muß i'n auch noch heimtragen! Ich kenn ihn besser wie ihr. Heut Nacht wird er wieder stöhnen und Bett patschen.

HANNA Was isn des, Bett patschen?

TANTE Wenn er besoffen is, kriegt er in der Nacht immer ka Luft, dann patscht er mit sei Händ aufs Bett! So geht des! *Sie macht es vor.* Und wemma'n weckt, weiß er nix!

ONKEL Was du wieder derzählst! Ich schlaf doch wie a Ratz, wenni a Räuschla hab.

TANTE Des merkst du ned, wie du dei Bett patschst! *Pause.* Gretl, hol ruhig schon amal die Mäntel, sonst bringi'n ned heim!

Mutter ab.

HANNA Wo habi'n bloß mei Autoschlüssel? Ach, da, in meim Täschla.

VATER An deiner Stell täti nimmer Auto fahrn.

HANNA Ach, was! Heut Nacht kontrolliert doch keiner!

VATER Du könntst bei uns aufm Sofa übernachten.

HANNA Naa, ich will heim in mei Bett.

TANTE Ich brauch auch mei Bett. Wenni amal woanders schlaf, drücki die erste Nacht ka Aug zu.

VATER Also gut, Hannelore, du mußts selber wissen, wasd machst.

Mutter erscheint wieder mit den Mänteln. Hanna und Tante stehen auf, Onkel und Vater bleiben noch sitzen.

TANTE Stehst jetzt auf! Da is dei Mantel!

ONKEL Setz dich, Frau, ich trink mei Bier noch aus.

TANTE Des machst ja bloß mit Fleiß!

MUTTER Sei Bier kannstn schon noch austrinken lassen.

ONKEL *zündet sich eine Zigarette an, verbrennt sich dabei den Finger* Jetzt hab i mir den Finger verbrannt.

TANTE Gschieht dir recht! Warum mußtn jetzt auch noch rauchen?

Tante zieht sich demonstrativ den Mantel an, um Onkel zum Aufbruch zu bewegen.

TANTE Also, wennst jetzt ned aufstehst, gehi allein heim!

Vater hilft nun Hanna in den Mantel.

ONKEL Ich bin a freier Mensch. Ich kann machen, was i will. Schließlich leb ma in einer Demokratie.

TANTE Dir gebi gleich a Demokratie!

ONKEL Wegen mir kannst ruhig schon amal gehn, aber dann mußt vor der Tür stehnbleiben und warten, bis i heimkomm.

TANTE *kramt in ihren Manteltaschen* Ich komm schon rein!

ONKEL Naa, du kommst ned rein, weil ich den Schlüssel hab!

TANTE *zieht ihn am Kragen hoch* Hopp, steh auf!

ONKEL Die erdrosselt mich ja noch!

Onkel steht widerstrebend auf, er läßt sich von Vater in den Mantel helfen.

ONKEL Ja, ja, Hans, da sieht ma's amal wieder. So is

des im Lehm! Ich wär noch blieben, aber mei Frau
gönnt ma nix! Jetzt schmeckt mir gleich des Bier
nimmer!

TANTE Hopp, jetzt gehn ma, jetzt simma gut zamkom-
men, jetzt gehn ma auch wieder gut auseinander!

Längere Pause. Das Verabschieden beginnt.

VATER Ade, mitnander!

*Er küßt Hanna sehr lange. Sie läßt es in ihrem Suff
ohne Protest über sich ergehen.*

MUTTER Jetzt kannst schon wieder aufhören! Daß
dich ned schämst!

Sie hören auf.

HANNA Bin ich bsoffen!
VATER Es hat dir keiner gsagt, daßd auch schon heim-
mußt.
HANNA Na, ich weiß ned. Es is besser, ich geh, bevor
euer Haussegen wieder schiefhängt.
MUTTER Von mir aus kannstn auch mitnehmen! Du
kannst fei wirklich dableiben, oder laß wenigstens
dei Auto stehn und lauf!
HANNA Und wenn mich einer überfällt?
MUTTER Dir wird schon keiner was tun! *Pause.* Hoffentlich hats euch gfallen. Wenns bloß ned soviel
Arbeit machen tät, aber mei Bub hat ja bloß amal in
seim Leben Konfirmation. Es is ja alles ganz schön
gwesen, aber was mich g'ärgert hat: Da macht ma
sich an Haufen Arbeit und dann finds der Herr
Pfarrer ned amal für nötig, daß er kommt!

Pause.

TANTE Hopp, jetzt gehn ma!
ONKEL Wie oft sagstn des noch?

Pause.

TANTE Ach ja, beinah hätti's vergessen. Wie wärsn,
wenn ihr nächsten Sonntag zum Essen kommt?
Pause. Hannelore, du bist auch eingladen. Wennst
willst, kannst kommen. *Pause.* Dann machi a Mittagessen: Schweinebraten mit Kniedla, weils ma
heut so gschmeckt hat … *Pause.* Aber vorher gibts
erst amal a gscheite Leberkniedlasuppen.

Vorhang.

Ende.

Letzter Wille
Ein Leichenschmaus in fünf Akten

OLGA, Tante Marthas Schwester
URSEL, Olgas Tochter
KURT, Olgas Sohn
SIGGI, dessen Frau
HEINZ, Tante Marthas Neffe
KARIN, dessen Frau
KLAUS, Ehemann von Heinz' verstorbener Schwester
RAU, Tante Marthas Hausmeister

BÜHNENBILD

Tante Marthas Wohnzimmer, die von ihr in Ehren gehaltene »gute Stube«. Zwei Türen. Die Tür links führt zum Flur, einem für Altbauten typischen »Korridor«. Die Tür rechts führt zum Büro. Die Möbel stammen aus der Gründerzeit und dem Biedermeier. Ein wuchtiger Tisch mit sechs Stühlen in der Mitte.
Zwischen den Türen drei Möbelstücke: Eine Glasvitrine mit Geschirr, eine Anrichte, ein Biedermeier-Bücherschrank.
Vorm Fenster ein Tischchen und ein Ohrensessel.
Über der Anrichte das düstere Ölgemälde »Elfenreigen bei Vollmond« und Tante Marthas Porträt in Öl.
Auf dem Parkettboden ein Perserteppich.
Über dem Tisch hängt ein schwerer Kristallüster.

ERSTER AKT

Ein heißer Julitag mit Gewitter. Donner. Die gute Stube im Dunkeln. Rau kommt herein und knipst das Licht an. Olga, Ursel, Heinz, Karin und Kurt folgen ihm nacheinander. Alle sind schwarz gekleidet und ziemlich verschwitzt. Ursel, mit dicker Brille und grauenhafter Frisur, wirkt in ihrem schwarzen Strickkleid wie ein häßliches Entchen, Karin mütterlich adrett. Olga trägt einen Hut mit schwarzem Schleier, den sie sofort abnimmt.

RAU Da lag se.

Rau läßt die Jalousien hoch. Blitze zucken. Rau geht ab in die Küche.

OLGA N Fleck, da is ja n Fleck aufm Perser.

KURT N Blutfleck.

KARIN *zu Heinz* Und du stehst auch noch drauf rum! *Schiebt ihn beiseite.*

HEINZ Kann ich doch nich ahnen.

KURT Die is doch an nem Herzinfarkt gestorben. Da blutet man doch nich.

HEINZ Nee, aber wie se zusammengeklappt is, hatte se ne Schere in der Hand.

OLGA Was wollte se denn mit der Schere?

HEINZ Wenn ich das wüßte! Mit der hat se sich im Todeskampf in Ellenbogen gestochen. Stand alles aufm Totenschein.

OLGA Aber ne Schere? Da nimmt man doch keine Schere mehr in die Hand.

KURT Das war doch vorher.

HEINZ Aber wie se so im Sarg drinlag, hab ich nix davon gemerkt.

KURT Weil se ihr'n Kleid mit lange Ärmel angezogen ham.

OLGA Die Beerdigungsfrau hat se ganz toll hergerichtet. Das muß man ihr lassen.

KURT Das war keine Frau. Nee, Mama, das war'n Mann. Ich arbeite doch schon seit Jahren mit'm Bestattungsinstitut Otto Fuhrmann zusammen. Die beziehn immer die Blumen von mir. Deswegen ham se mir auch'n guten Preis gemacht.

HEINZ Und wie se gelächelt hat! So hab ich se in meim ganzen Leben noch nie lachen sehn.

OLGA Vonwegen gelächelt! Gegrinst hat se. Die hat uns alle angegrinst.

URSEL Bitte, Mama, muß das sein?

OLGA Und wie se gegrinst hat! Nich mal im Tod kann se Ruhe geben!

Ursel ist das Benehmen ihrer Mutter peinlich.

KARIN Ich hab se mir nich mehr angucken können.

OLGA Ich schon. Ich hab mir den Sarg extra nochmal aufmachen lassen.

URSEL Mama, hörste jetzt auf!

OLGA Schon gut, is ja schon gut. Wir müssen alle mal sterben. Und mitnehmen kann keiner was. Schwester hin und Schwester her, aber ich lebe noch...

URSEL Mama!

KURT Sind wer froh, daß wer endlich im Trocknen sind.

HEINZ Tante Martha hätt sich auch'n andres Wetter aussuchen könnnen.

OLGA Das Wetter kann man sich nich aussuchen. Und sein Tod auch nich. Wenn man das vorher wüßte…

KURT Gut, daß es keiner weiß.

OLGA Und dabei hatte se immer sone Angst vorm Gewitter! Das ganze Grab voller Wasser! Der Sarg schwamm! Mein Gott, das hat doch alles was zu bedeuten.

KURT Weil's Bindfäden geregnet hat!

OLGA Nee, das geht nich mit rechten Dingen zu. Da kannste sagen, was de willst! Ich mach ne Wette, die spukt hier rum. Das läßt die sich doch nich nehmen…

URSEL Mama!

KURT Hör bitte auf!

Olga zuckt zusammen. Ihr Blick fällt auf Tante Marthas Porträt.

OLGA Guckt euch doch bloß mal ihr Bild an! Wie se uns anglotzt! Und grinsen tut se auch.

URSEL Was du dir alles einbildest, Mama!

OLGA Zieh dir lieber das nasse Zeug aus.

URSEL Wird schon trocken.

OLGA Bis de mir wieder krank wirst.

URSEL Mama, bitte.

HEINZ Zieh doch was von Tante Martha an. Is doch genug da.

OLGA Alles, bloß das nich!

Unbehagliche Pause.

KARIN Der Pfarrer hat mir leidgetan.

HEINZ Sah aus wie'n begossner Pudel mit der klatschnassen Kutte!

KARIN Sei nich so gemein, wo er's so schön gemacht hat.

OLGA Schön? Schön gelogen hat er!

KURT Was hätt er denn sonst sagen sollen?

OLGA Die Wahrheit!

URSEL Bitte, Mama!

OLGA Alles Lüge von A bis Z! Ich weiß, wie se wirklich war. Und wie ich das weiß! Nee, das war'n bißchen viel für mich. Am liebsten wär ich vor und hätt dem Pfarrer Bescheid gestoßen…

KURT Mama, reg dich bitte nich so auf. *Er will sie auf ein anderes Thema bringen.* Hätt wirklich nich gedacht, daß soviele Leute zu ihrer Beerdigung kommen…

OLGA Wo se kein Menschen mochte. Nur sich.

KURT Wahrscheinlich sind se ja nur wegen dem Leichenschmaus gekommen, aber da ham se sich geschnitten.

HEINZ Ja, Kurt, was isn damit? Wolltst du nich was organisieren?

KURT Es hieß doch, wir machen nix.

HEINZ Nix hab ich nich gesagt. Nich viel sollste machen, hab ich gesagt, n bißchen was schon. N paar belegte Platten. Und n bißchen was zu trinken.

KURT Jetzt auf einmal!

HEINZ Du alter Geizkragen!

OLGA Ich brauch auch was zu trinken. Ich komm noch um vor Durst.

Kurt geht zur Tür, schreit.

KURT Rau, was machtn der Kaffe? *Er lauscht, zu den anderen.* Kaffe kommt gleich. Erst hieß es, ich soll nix machen und jetzt auf einmal wieder doch. Nich mit mir! So geht's nich! Fängt schon wieder gut an. Warum setztn ihr euch nich endlich hin?

OLGA Hier kann ich mich doch nich hinsetzen, wo der ganze Teppich voller Blut is.

HEINZ Ich finde, bevor wir uns setzen, sollten wer erstmal ne Schweigeminute für Tante Martha einlegen. Das sind wir ihr echt schuldig.

KURT Gut, dann aber gleich. Wir ham noch allerhand zu besprechen.

URSEL Wolln wer nich erst auf Siggi warten?

OLGA Wo steckt'n die eigentlich so lange?

KURT Die sucht n Parkplatz.

HEINZ Neben ner Kneipe, was? Hat wahrscheinlich n Wahnsinnsdurst. Du hast ja nix besorgt.

KURT So wird das nix mit deiner Schweigeminute.

KARIN Ja, Kurt, da haste recht.

HEINZ Also gut, dann stell ich jetzt eine Minute auf meiner Digitaluhr ein.

OLGA Können wer nich woanders hingehn? Ich halte es hier nich mehr aus.

URSEL Pst, Mama, sei jetzt endlich still!

HEINZ *gibt ein Zeichen* Jetzt!

Alle machen ernste Gesichter, falten die Hände. Einige richten ihren Blick auf Tante Marthas Porträt. Eine Minute kann sehr lang sein. Spürbare Nervosität. Olga hält es nicht mehr aus.

OLGA Is die Minute denn noch nich rum?

KURT Pst!

Pause. Rau kommt mit einem Tablett mit Kaffee und Tassen. Endlich piepst Heinz Digitaluhr.

HEINZ Soviel Pietät muß sein.

OLGA Ich halte es nich mehr aus. Ich muß mich jetzt unbedingt hinsetzen. Ich soll ja nich so lange stehn. Bei der Beerdigung mußt ich auch schon stehn. *Sie macht den Stuhl unter sich sauber.* Alles voller Staub! *Sie klopft drauf. Staubwolke.*

Alle setzen sich. Rau bedient sie.

URSEL Mein Kleid klebt am Stuhl.

OLGA Mein Gott, das sind ja noch die Stühle von unsern Eltern. Und unser Tisch, unser alter Tisch! Da vorne war Vatis Platz. Vis-à-vis Muttis. Und wir saßen hier links, Karl – *mit Blick auf Heinz* – also, dein Vater – und ich... und rechts ganz alleine Martha...

KURT Ja, Mama, is ja gut...

OLGA Die wollt immer für sich sein. Immer ne Extrawurst.

URSEL Mama, mußte immer wieder diese alten Geschichten aufwärmen!

Heinz' Handy piepst.

HEINZ Wenigstens hat am Friedhof keiner angerufen. *Ins Handy.* Pöhlmann. *Pause.* Verdammtnochmal, Eva, muß das jetzt sein? Karin, deine Bälger! *Er gibt das Handy an Karin weiter.*

OLGA Kaffe soll das sein?

KARIN *ins Handy* Was hast du deiner Mami versprochen?

RAU Naja, isn bißchen sehr dünn geworden, aber mehr Kaffe war nich da.

KARIN *ins Handy* Ich bin stocksauer.

OLGA Und die Milch is auch sauer.

RAU Das is Büchsenmilch. Die kann gar nich sauer werden.

KARIN *ins Handy* Gib mir mal Laura! *Entschuldigend zu den anderen.* Wir ham heut kein Babysitter mehr gekriegt. *Ins Handy.* Laura, du weißt doch ganz genau, daß du Eva nich bei den Hausaufgaben stören darfst. Geh sofort in dein Zimmer und spiel! *Pause.* Langweilig is dir? Und deswegen ruft ihr an?

HEINZ Dann solln se sich halt vor die Glotze knalln, daß Ruhe is.

KARIN *zu Heinz* Denkste, dann macht Eva noch ihre Hausaufgaben?

HEINZ Was meinste, wie oft ich meine Hausaufgaben nich gemacht habe, und ich bin auch was geworden.

KURT Versicherungsfuzzi. Leute bescheißen! *Er lacht.*

HEINZ *nimmt Karin das Handy ab und brüllt rein* Haut euch vor die Glotze und rührt euch nicht mehr vom Fleck, bis wir kommen, sonst knallts. Ende.

Karin ist verschnupft.

URSEL Merkt ihr was? Das Gewitter hat nachgelassen.

KURT Aber der Regen nich. Jetzt regnet's sich's ein.

OLGA Is denn nix zu essen da?

HEINZ Kurt is schuld.

KURT Am Friedhof gab's nix.

HEINZ Alter Knicker! Naja, wenn man sone tolle Frau hat…

OLGA Rau, meine Schwester muß doch was zu Hause gehabt ham. N paar Kekse oder was?

RAU Ich guck mal. *Rau ab.*

KARIN Hätt nich gedacht, daß Tante Martha mal soviele Blumen kriegt.

OLGA Schade drum. Hat alles das Gewitter zusammengeklatscht. Alles futsch!

KARIN Kränze hat se kaum gekriegt.

KURT Kaum? Das warn bestimmt fünfzehn. Ich hab alleine schon acht gemacht.

HEINZ Das is echt n starkes Stück. An seiner Tante ihrm Tod Geld verdienen und dann gibt's noch nich mal was zum Leichenschmaus...

Rau kommt mit einer Blechdose zurück, gibt sie Olga.

RAU Da. Paar Plätzchen. Das einzige, was ich gefunden hab.

Rau bleibt wie ein Diener brav in der Ecke stehen.

OLGA *öffnet die Dose* Also sowas! Meine Weihnachtsplätzchen! Jedes Jahr hab ich ihr an Weihnachten Weihnachtspätzchen geschickt. *Pause.* Und das Luder hat nich ein einziges von meinen Plätzchen gegessen. *Sie beißt rein.* Die sind ja noch gut.

HEINZ Also, ich hätt nix dagegen, wenn wir jetzt langsam mal zu dem kommen könnten, warum wer eigentlich hier sind...

OLGA *fällt ihm ins Wort* Eine Luft is das hierdrin! Zum Umfalln. *Keiner reagiert auf sie.* Merkt ihr denn nich, wie das stinkt?

HEINZ N bißchen muffig vielleicht... wie nach alter Frau.

Olga fühlt sich angesprochen, wirft ihm einen bösen Blick zu.

OLGA Es stinkt.

URSEL Mama!

OLGA Ne einzige Zumutung, wie das stinkt!

Heinz steht, schon leicht sauer, auf und reißt ein Fenster auf. Ohrenbetäubender Straßenlärm kommt herein. Alle müssen lauter sprechen.

KARIN *zu Ursel* Und du hast so ohne weiteres schulfrei bekommen?

URSEL Wir hatten heut schon um 11.15 aus. Hitzefrei.

KURT So schön möchte ichs auch mal ham. Lehrer verdienen ihr Geld im Schlaf.

URSEL Du mußt's ja wissen. Wir können ja mal tauschen. Ich nehme deine Blumen und du meine ABC-Schützen. Und dann schaun ma mal...

KURT Ich hab wahrscheinlich im Endeffekt die besseren Nerven. Wir ham ja gesehn, wie das is, wenn de mal keine erste Klasse mehr kriegst...

URSEL Fang heut nich damit an!

HEINZ Was is jetzt? Ich kann nich ewig hier bleiben.

KURT Ich auch nich.

HEINZ Okay, bringen wir das Ganze schnell hinter uns!

KURT So schnell wird's auch wieder nich gehen.

OLGA Mir isses auf einmal so... schlecht. Vom Magen her. Ich brauch'n Magenbitter.

KURT Rau!

RAU Ich guck mal.

Rau geht zur Glasvitrine, räumt Nippes zur Seite, dahinter ist eine Flasche Cognac.

KURT N Mineralwasser wär jetzt prima. Auf Kaffe krieg ich immer so'n Durst.

HEINZ Wasser? Warte nur, wenn du mal stirbst, du Geizkragen. Was meinste, was es dann gibt?

KARIN Immer muß der Mann alles sagen, was er denkt.

Rau gibt Olga den Cognac.

RAU N Tröpfchen Cognac is noch da.

OLGA Kein Magenbitter?

RAU Den hat se für'n Notfall aufgehoben.

OLGA Den braucht se jetzt nich mehr, aber ich brauch n Glas!

Rau geht zur Vitrine, holt ein Glas. Olga betrachtet die Vitrine.

HEINZ Kann man gar nich hingucken! Cognac!

OLGA Die hat noch das ganze Geschirr von meiner Mutter! *Rau gießt ihr ein.* Die hat kein einziges Stück rausgerückt. Was hat'n die mit dem ganzen Geschirr gemacht? Ganz allein und soviel Geschirr! Wir hätten's gut gebrauchen können. Aber so war se doch mit allem. Die hat mir nie was gegönnt. Die kannte nur sich. Drum mußt se auch ganz alleine sterben mit ner Schere in der Hand. So könnt ich nich sterben. Ganz allein und keiner da. *Sie schüttelt sich, trinkt den Cognac.* So, den hab ich jetzt gebraucht!

HEINZ *geht zum Fenster, schließt es* Jetzt mach ich lieber das Fenster wieder zu. Wir können nich den ganzen Nachmittag brüllen.

OLGA Als wer noch Kinder warn, war se dauernd krank. Wir sind im Winter im Schnee rumgetobt und hatten nix, und sie hat bloß zugeguckt, und schon hatte se ne Grippe. Krank vom Zugucken!

KURT Kennen wir doch, Mama! Erzähl doch nicht immer wieder dasselbe!

OLGA Wir ham ne Kartoffelsuppe gekriegt und die gebratne Täubchen. N Krankenessen, immer hat die'n Krankenessen gekriegt. Immer ne Extrawurst. Kind, werd mal nur nich sone alte Jungfer wie Tante Martha! Das kannste deiner Mutter nich antun.

URSEL Mama, jetzt hörste aber auf!

OLGA N Vierteljahr vor ihrm siebzigsten Geburtstag muß die sterben! Das hat se absichtlich gemacht, weil se keinen von uns sehn wollt.

URSEL Mama, du mußt auch mal vergessen können!

Pause. Olga schnuppert.

OLGA Jetzt stinkts schon wieder!

URSEL Nee, Mama, man riecht wirklich nix mehr.

OLGA Doch. Es is noch schlimmer wie vorher.

HEINZ Ich hab mir gerade überlegt, wann ich Tante Martha das letzte Mal gesehn hab. Muß vor zwei Jahrn gewesen sein. Auf meiner Schwester ihrer Einäscherung.

OLGA Die könnt auch noch leben, die Irmgard, wenn se dem Kerl nich übern Weg gelaufen wär.

URSEL Das is nich wahr, Mama.

HEINZ Und dann besitzt er auch noch die Frechheit und spielt Saxophon vorm offnem Grab!

KURT Das hätte der Pfarrer eigentlich verbieten müssen.

KARIN Wieso? Das war doch nich schlecht.

URSEL *schwärmerisch* Saxophon im strömenden Regen! Hat sich doch gut angehört!

KURT Aber gepaßt hat's nich.

URSEL Mir hat's gefallen.

KARIN Mir auch.

HEINZ Mir nich.

KARIN Warum ham wer'n eigentlich nich eingeladen, wo er schon mal da war?

HEINZ Soweit kommts noch. Nee, der hat hier nix verloren. Der hat meine Schwester auf dem Gewissen. *Heinz steht unvermittelt auf, zieht eine Broschüre aus seiner Jackentasche.* So. Wir ham schon genug Zeit verplempert. Rau, würden Se uns bitte mal ne Weile alleine lassen?

RAU Soll ich noch'n Kaffe machen? *Ab.*

ALLE Nein!

HEINZ Wir sollten jetzt endlich zu dem kommen, warum wer überhaupt hergekommen sind.

OLGA Ich will nix!

KURT Mama, laß ihn endlich mal reden!

OLGA Ich will nix. Eigentlich steht mir was zu, denn damals, als Mutti starb, ham se mich von vorn bis hinten beschissen.

Auftritt Siggi. Alle sind verblüfft. Siggi ist viel zu sexy angezogen für eine Beerdigung. Ihr klitschnasses »kleines Schwarzes« klebt am Körper. Sie ist sichtlich angetrunken. Sie hat einen Viererpack Bierdosen in der Hand. Kurt kocht vor Wut. Karin organisiert einen Stuhl für Siggi. Währenddessen:

SIGGI Hallo, ihr, da bin ich!

HEINZ *schadenfroh* Auch schon da? Oder nich mehr da?

OLGA Wurde auch Zeit.

KURT Wo kommst du denn her?

SIGGI Ich hab euch die ganze Zeit gesucht. Ich dachte, die Wodanstraße*17 wär auf der entgegengesetzten Seite der Straße...

HEINZ Das is der »Lohengrin«. Biste wohl im »Lohengrin« hängengeblieben? Da gibt's fünf verschiedne Pils vom Faß...

KARIN Woher weißt'n du das?

KURT *unterdrückt einen Wutausbruch* Wir sprechen uns noch.

SIGGI *reißt eine Bierdose auf, gibt sie Kurt* Willste n Bier? *Dann macht sie selber eine Dose auf.*

KURT Hör mit dem Trinken auf!

HEINZ Laß se doch. Auf das eine Bier kommts jetzt auch nich mehr an. Kann ich jetzt endlich anfangen? Wir können nich ewig hier rumhocken, wo's nich mal'n Leichenschmaus...

KARIN Soll ich nich schon mal nach Hause, zu'n Kindern. Ich sitz hier wie auf Kohlen.

HEINZ *sauer* Nee. Du bleibst. Die ham ihrn Fernseher. *Er guckt wieder in seine Broschüre.* Hier stehts: »Wer erbt im Todesfall?«

OLGA Ich will nix.

SIGGI *kann sich nicht mehr halten, platzt vor Lachen* Schlammere sunft!

KURT *zischt ihr zu* Du sollst leise sein!

SIGGI Du hast »schlammere sunft« gesagt.

KURT Bist du jetzt... Gar nich wahr! Hab ich nich gesagt.

SIGGI Ich hab's doch gehört.

OLGA Ich hab bei dem Gewitter überhaupt nix gehört.

---

*   Namen sollten je nach Aufführungsort entsprechend geändert werden.

HEINZ Kann ich weitermachen?

KARIN Also, mir hat Kurts Rede sehr gut gefallen.

KURT War'n doch bloß 'n paar Worte.

SIGGI *platzt noch einmal heraus* »Schlammere sunft«!

KURT Das hab ich nie gesagt.

SIGGI Doch.

KURT Höchstens »schlammere sanft«.

SIGGI »Sunft«.

KURT N »a« is mir aus Versehn reingerutscht.

SIGGI Und 'n »u«. »Sunft«!

KURT *wütend* Halt die Klappe, du besoffne Kuh!

HEINZ Habt ihr's bald?

SIGGI Lern du erstmal sprechen!

KURT Schluß mit Zwischenquatschen! Jetzt is Heinz dran. Laß ihn doch endlich mal sagen, was er zu sagen hat.

SIGGI Will noch jemand 'n Bier? Zwei hätt ich noch.

OLGA Ich will nix. Ich schlag das ganze Erbe aus.

KURT Das geht nich.

HEINZ Das geht schon, dann krieg ich umso mehr. Wenn Olga verzichtet, geht ihre Hälfte auf mich über. Dann krieg ich alles.

KURT Siehste, was de wieder angerichtet hast? Halt jetzt endlich deinen Mund!

Olga schmollt von nun an.

HEINZ Seid ihr so weit? Dann kann ich ja endlich anfangen. *Er liest aus der Broschüre vor.* »Wer erbt im Todesfall? Die Beantwortung dieser Frage hängt ganz entschieden davon ab, ob ein Verstorbener keine letztwillige Verfügung…«

SIGGI Du, Kurt, ich glaube, ich muß jetzt unbedingt nach Haus. Das betrifft mich doch alles nich. Ich hab ne Unterkühlung. Wenn ich nich sofort'n Schnaps…

KURT *brüllt sie an* Du bleibst jetzt hier!

HEINZ *liest sichtlich genervt weiter* »…Testament oder Erbvertrag getroffen hat.«

SIGGI Interessiert mich alles nich.

KURT Aber mich. Du bleibst jetzt hier und gibst Ruhe!

HEINZ »In diesem gilt die gewillkürte Erbfolge.«

KURT Was isn das?

HEINZ Das gilt nich für uns.

KURT Warum liest du's dann vor? So bringste uns nur durcheinander.

HEINZ »Wenn kein Testament vorliegt, gilt die gesetzliche Erbfolge.« Jetzt müßt ihr genau hinhören: »Nach dem deutschen Erbrecht können nur solche Verwandte des Erblassers erben, die mit ihm gemeinsame Eltern, Groß- oder Urgroßeltern oder eventuell noch weiter entfernte gemeinsame Vorfahren haben.«

KARIN Jetzt biste gleich bei Adam und Eva.

HEINZ Also kurz und gut. Ich laß'n bißchen was weg.

KURT Hoffentlich nix Wichtiges.

HEINZ Wir sind Erben zweiter Ordnung. »Das sind die Eltern des Verstorbenen und deren Kinder und Kindeskinder«, also die Geschwister – also, du Olga – und die Nichten und Neffen. Also ich. Und ihr…

OLGA Jetzt versteh ich gar nix mehr.

HEINZ Is doch alles ganz einfach. Reden wir nich lang um den heißen Brei rum: Ich krieg die Hälfte und ihr kriegt die Hälfte.

KURT Die Hälfte? Du kriegst doch nich die Hälfte!

HEINZ Doch. Ihr müßt euch nur mal Friedrich Pöhlmanns Stammbaum vorstellen. Drei Stämme hat er hinterlassen. Ein Stamm, Tante Martha, is weg. Zwei Stämme sind noch da. Wenn meine Schwester noch leben würd, würde sie und ich jewiels 'n Viertel kriegen. Aber jetzt geht ihr Anteil auf mich über.

KURT Das gibt's doch nich.

SIGGI Reg dich bitte nich auf. Ich weiß schon, warum ich gehen wollt.

HEINZ Sind wer doch mal ganz ehrlich miteinander: Ihr mögt mich nich und ich mag euch nich, aber wir ham alle kein Geld zu verschenken.

KARIN Muß das denn sein, daß du…

HEINZ Ich bin von vornherein für klare Verhältnisse.

KURT Dafür bin ich auch.

HEINZ Und dann bin ich auch noch dafür, daß wir alles so schnell wie möglich abwickeln.

KURT Dafür bin ich auch.

HEINZ Stellt euch vor, wir sind Geschäftspartner, keine Verwandten!

KURT *steht auf, geht zu Heinz* Schlag ein, Partner! *Sie geben sich die Hand.*

SIGGI *prostet ihnen mit der Bierdose zu* Prost! Ich hab immer noch zwei Bier!

HEINZ Her damit. *Er nimmt sich eine Dose.* An und für sich müßt ich ja deiner Mutter die Hand geben: Du erbst nix!

KURT Was, ich erbe nix?

HEINZ Formal nich. Deine Mutter erbt.

OLGA Ich will nix! Wie oft soll ich'n das noch sagen, daß ich nix will! *Zu Siggi* Aber'n Bier kannste mir geben!

Siggi öffnet ihrer Schwiegermutter eine Bierdose.

HEINZ Du müßtest dein Erbteil bloß deinen Kindern weitervermachen. Als Schenkung! Das is reine Formsache.

OLGA Davon versteh ich nix. *Sie trinkt aus der Bierdose.*

KURT Das kriegen wir schon hin!

OLGA Aber ja nich deine Schwester bescheißen, ja? Sonst kriegt die nie'n Mann.

URSEL *entrüstet* Mama, was soll denn das!

KURT Erst müssen wer mal feststellen, was überhaupt da is.

HEINZ Wird sich rausstelln. Zuerst hätten wer mal das Haus hier mit elf Parteien. Sieben vorne und vier im Rückgebäude. Altbau, gut erhalten, beste Lage. Das bringt schon mal drei Mille…

KURT Wenns saniert wär. Sagen wer lieber zwei.

Die Tür geht auf. Rau kommt zusammen mit Klaus herein, dessen Smoking-Jacke vor Nässe tropft, darunter trägt er ganz salopp ein weißes T-Shirt. In der Hand trägt er seinen Saxophonkoffer. Klaus sieht mitleiderregend aus. Siggi, Ursel und Karin schließen ihn sofort in ihr Herz, himmeln ihn – jede auf ihre Weise – an. Kurt und Heinz bleibt die Sprache weg. Olga kriegt eine Wut. Sie springt auf und öffnet das Fenster. Klaus muß stehenbleiben. Man bietet ihm keinen Platz an.

KLAUS Hier seid ihr! Warum habt ihr mir das denn nich gesagt, daß ihr euch hier trefft?

HEINZ Warum hätten wer das denn sagen sollen? *Keine Reaktion.*

OLGA *für sich* Es stinkt schon wieder. Merkt das denn keiner?

KLAUS Ich bin den ganzen Weg zu Fuß hergelaufen. *Keine Reaktion.* Tante Marthas gute Stube. Hier mußt ich ihr immer aufm Saxophon vorspielen. Sonst hielt se sich ja hier nich auf, nur wenn was Besondres war...

KURT *schließt demonstrativ das Fenster* Das Fenster bleibt jetzt zu.

OLGA Das is nich mehr zum Aushalten, dann muß ich eben nach Hause.

KURT Du bleibst da!

URSEL Mama, bitte jetzt...

OLGA Und wenn ich keine Luft mehr kriege – bei dem Gestank?

KURT Es dauert ja nich mehr lange. Gleich hast de's überstanden. Trink dein Bier und halt'n Mund.

Olga trinkt aus der Bierdose. Klaus öffnet den Instrumentenkoffer, nimmt ein Schriftstück heraus, macht zu.

HEINZ Wenn du glaubst, daß de uns hier was vorspielen kannst, haste dich gebrannt. Also: Was willste hier?

SIGGI Sei doch nich so ekelhaft. Laß ihn doch spielen, dann wird's einem wenigstens schön warm. Saxophon geht mir immer so durch und durch, da krieg ich sofort ne Gänsehaut. Wenn ich schon kein Schnaps kriege...

KLAUS *mit Blick auf Heinz* Nee, nee, ich spiel nich für jeden, ich such mir mein Publikum schon aus. *Er will alle auf die Folter spannen.* Aber ich hätte da was von Tante Martha, 'n Schriftstück!

HEINZ Gib her!

KLAUS Das geb ich nich aus der Hand. *Heinz will es*

ihm entreißen. Kannste gerne zerreißen. Das is nur ne Kopie. Das Original is an nem sicheren Ort.

KURT Was fürn Original?

SIGGI Jetzt laßt ihn doch mal sagen, was er zu sagen hat.

KURT Der hat nix zu sagen.

OLGA Also, wenn ich's mir nochmal richtig überlege, das Geschirr möchte ich schon. Stammt ja schließlich von meiner Mutter. Und wenn ich mal nich mehr bin, kannst du's haben, Ursel.

URSEL Mama, stör jetzt bitte nich.

OLGA Ich stör nich. *Mit Blick auf Klaus.* Der stört.

KLAUS Am besten, ich lese's schnell mal vor, damit die Luft raus is.

OLGA Schlimmer kann se nich mehr werden.

KURT Mama, biste jetzt endlich still!

HEINZ Rau, gehen Se bitte raus!

KLAUS Nein, Sie bleiben!

KURT Du hast gar nix zu sagen. Raus!

Rau geht ab.

KLAUS Wird sich gleich rausstelln! *Er gibt Kurt das Testament.* Lies!

KURT *liest vor* »Im Vollbesitz meiner geistigen Kräfte…«

OLGA *lacht auf* Das glaubste doch selber nich!

SIGGI *kichert* »Schlammere sunft!«

URSEL *disziplinierend* Mama! Siggi!

SIGGI Schon gut, Frau Lehrer!

KURT »…treffe ich, Martha Pöhlmann, folgende letztwillige Verfügung im Falle meines Todes…«

HEINZ Mein Gott, n Testament.

KURT »Ich hinterlasse mein gesamtes Vermögen bei

der Bayerischen Hypotheken- und Wechsel-Bank.« Was für'n Vermögen?

KLAUS Tafelgeschäfte, Aktien, Sparbriefe, Inhaber-schuldverschreibungen…

HEINZ Der weiß ja mehr wie wir.

KLAUS *nimmt die Kopie und liest weiter* »…sowie mein Anwesen in der Wodanstraße 17 an meine Nichte Irmgard Schneider, geb. Pöhlmann, als Al-leinerbin.«

KURT *versteht die Welt nicht mehr* Du Schwein! Zwei Jahre lang hast du uns verschwiegen, daß deine Frau alles erbt. Und ich bin auch noch so blöd und zahle die Beerdigung.

HEINZ *atmet erleichtert auf* Reg dich nich auf, Kurt.

KURT Die Rechnung geht an dich.

KLAUS Die hätt ich sowieso bezahlt.

HEINZ *klopft Kurt auf die Schulter* Kein Grund zur Aufregung, Partner. Tote erben nix. Das Testament kann er komplett vergessen.

KLAUS *unbeeindruckt* »Außerdem ersuche ich meine Nichte, meinen Opel Kapitän, Baujahr 58, meinem Hausmeister, Herrn Erich Rau, für seine treuen Dienste zu überlassen.«

Rau reißt die Tür auf, er hat gelauscht.

HEINZ Was, der Kapitän existiert noch? Wo isn der?

RAU *strahlt* Hinten im Schuppen, gleich vorm Rück-gebäude. Mein Opel Kapitän! Ich habs gewußt, daß mich Fräulein Martha nich vergessen hat. Ich habs doch gewußt.

KLAUS Sie ham se immer so schön gefahren.

HEINZ *zu Rau* Das können Se vergessen. Der Kapitän gehört mir.

KURT Und mir!

OLGA Und mir gehört das ganze Geschirr. Alles, was im Glasschrank is.

HEINZ Ich finde, wir sollten vor dem da nich streiten. Das können wir nachher auch noch besprechen.

KLAUS Ich bin noch lange nich fertig. *Er liest vor.* »Bei meiner Erdbestattung soll der Gatte meiner Nichte, Herr Klaus Schneider, am offenen Grab auf seinem Saxophon ›Summertime‹ spielen.«

OLGA Jetzt hat se ihr »Summertime«!

URSEL Als wenn se geahnt hätt, daß se im Sommer stirbt.

SIGGI *träumerisch* Das war ganz toll, obwohl ich mir sonst nichts aus Jazz mache. *Sie fängt an, »Summertime« zu singen.*

KLAUS Danke. *Pause.* Das war's. Und unten steht noch drunter »Deine Tante Martha« und das Datum…

HEINZ Zeig mal her!

Klaus reicht ihm die Fotokopie.

KURT *brüllt Siggi an* Hör auf zu singen, oder ich vergesse mich.

HEINZ Ihre Handschrift isses. Aber das nützt dir auch nix. *Er zerknüllt die Fotokopie und wirft sie ihm an den Kopf.* Und jetzt siehste zu, daß de verschwindest. Wir brauchen keine Erbschleicher!

KLAUS Ihr müßt verschwinden! Raus hier! Raus! Das is mein Haus. Aber'n bißchen dalli. Ich zähl bis drei…

KARIN Komm, Heinz, wir gehn.

HEINZ Rau, werfen Se mal diesen Kerl raus!

RAU Da misch ich mich nich ein. Ich will mein Opel Kapitän.

HEINZ Dann müssen wer's halt selber machen. Los, Kurt.

KARIN Heinz, hör bitte auf! Ich halte das langsam nich mehr aus.

Kurt und Heinz stürzen sich auf Klaus und überwältigen ihn. Dabei referiert Heinz aufstöhnend übers Erbrecht. Zu allem Überfluß schellt es auch noch. Rau geht ab, schaut nach.

HEINZ Hau ab, du Sau. Du erbst nix. Du guckst in die Röhre. Nachm deutschen Erbrecht können nur »solche Verwandten des Erblassers erben, die mit ihm gemeinsame Eltern haben«.

OLGA Schade, daß der Perser so versaut is. Wie kriegt man bloß den Blutfleck wieder raus? *Sie kniet sich auf den Teppich.*

KLAUS *brüllt* Und wenn ihr mich totschlagt. Es gehört alles mir.

OLGA Gepflegt hat s'n auch nich richtig. Der muß sofort in die Reinigung.

Klaus kann offensichtlich Judo. Es gelingt ihm, sich zu befreien und Heinz mit einem Trick schachmatt zu setzen. Er landet, schwer schnaufend, auf Olga, die aufschreit. Kurt nimmt nun Klaus in den Schwitzkasten. Rau kommt zurück mit einem Plastikmenü von »Essen auf Rädern«.

RAU Da, »Essen auf Rädern«. Heut hätt se Schweinelendchen gekriegt, die Tante Martha. *Er bleibt damit in der Stube stehen.*

KURT Ich denke, das kriegen nur Sozialhilfeempfänger?

HEINZ Von den Reichen kannste's Sparen lernen. Ich sag nur: Leichenschmaus!

KLAUS *mit gepreßter Stimme* Das wird'n Nachspiel geben, das wird'n Nachspiel geben.

URSEL Mir reicht's jetzt auch, Mama, komm, gehen wer.

OLGA Ich bleibe. *Zu Heinz.* Steh auf, du sollst aufstehn, du liegst auf'm Blutfleck. Runter von meim Perser!

HEINZ *referiert, aufstehend, immer noch weiter* »Nicht in diesem Sinne verwandt sind also Verschwägerte, wie Schwiegermutter oder -vater. Schwiegertochter oder -sohn. Schwager, Schwägerin.« *Zu Klaus.* Du bist jedenfalls nich verwandt!

KLAUS Ich bin Alleinerbe!

HEINZ Du kriegst nix! Nix, nix, nix!

KLAUS *reißt sich los* Verlaßt sofort meine Wohnung!

SIGGI *bewundernd* Der zeigts dir. Der zeigts euch!

HEINZ *gibt Karin das Handy* Karin, ruf sofort die Polizei an!

KARIN Was soll ich denn sagen? Ich kann das nich. Mach's du!

Klaus nimmt seinen Instrumentenkoffen. Kurt schnappt sich einen Stuhl und geht damit auf Klaus los. Es sieht sehr gefährlich aus, Klaus flüchtet, bleibt aber noch kurz vor der Tür stehen.

RAU *zu Heinz* Was isn jetzt mit mir? Krieg ich meinen Opel Kapitän?

HEINZ *drückt ihm das Plastikmenü in die Hand* Da ham Se was zu essen. Und jetzt is Ruhe.

KLAUS *macht die Tür auf* Gut, ich gehe. Aber vor Gericht sehn wir uns wieder.

Tür zu.

Dunkel.

ZWEITER AKT

Ein heißer, schweißtreibender Septembertag. Durchs offene Fenster dringt Straßenlärm. Bei allen Schränken stehen die Türen offen, Schubladen sind herausgezogen. Auf dem Boden Stapel von alten Zeitungen und Umzugskartons. Auf der einen Hälfte der Kartons steht mit dickem Filzstift Wolz, auf der anderen Pöhlmann. Rau packt gerade Geschirr in Zeitungspapier ein und verstaut es in einem Umzugskarton. Er schwitzt in seinem grauen Hausmeistermantel und murmelt sauer vor sich hin.

RAU Bin ich ein Blödmann... solche Schweine!

In einer Vase klappern ein paar Geldstücke. er läßt sie blitzschnell in seiner Manteltasche verschwinden, verpackt die Vase in Zeitungspapier und steckt sie in einen Karton mit der Aufschrift »Wolz«.

RAU Die brauchen so'n Arsch zum Arbeiten, und das bin ich. *Er nimmt einen schnellen Schluck aus seinem Flachmann.* Drecksarbeit!

Alle Erben, bis auf Siggi, platzen lärmend herein und stürzen sich auf Rau. Sie brüllen durcheinander. Karin hat eine Kühltasche dabei. Niemand – bis auf Olga – trägt schwarz. Ursel ist eine Spur hübscher als im 1. Akt.

OLGA Sagen Se, sind Sie immer noch nich fertig?
HEINZ Was macht die Inventur? Wo isn die Liste? Die Inventurliste?
OLGA Das dauert ja ne Ewigkeit, bis das bißchen Zeug eingepackt is.

100

HEINZ So, jetzt wird erstmal gefeiert. Karin, mach den Champagner auf!

Karin holt eine Flasche Champagner aus ihrer Kühltasche. Ursel verteilt Gläser.

OLGA Hat sich ja auch lange genug hingezogen.

KURT So lange auch wieder nich. Im Juli isse gestorben, und jetzt ham wer Mitte September.

URSEL Hat jeder'n Glas?

OLGA Mensch Meier, is das heute ne Hitze! *Mit Blick auf Marthas Porträt.* Und wegen der muß ich auch noch Schwarz tragen. Da soll man nich schwitzen! *Olga holt die Tasse, die Rau gerade eingepackt hat, wieder heraus und steckt sie in den Wolz-Karton.* Die Tasse krieg ich, die gehört zu meim Service!

KARIN *kriegt die Flasche nicht auf* Mach's du mal. Du weißt doch, daß ich Champagnerflaschen nie aufkriege.

OLGA *zu Rau* Wenn Se was falsch einpacken, muß alles nochmal ausgepackt werden!

KURT Mein Gott, Champagner!

HEINZ *öffnet die Flasche* Es is nich jeder son Geizkragen wie du. Wenn ich an den Leichenschmaus denke… *Der Champagnerkorken knallt.*

KARIN Der is doch von Aldi!

KURT Na dann…

HEINZ Mußte immer alles verraten? Gieß ein. *Er wendet sich rasch Rau zu.* Ham Se jetzt die Inventurliste oder ham Se's nich? Da steht doch drauf, wer was kriegt.

Karin gießt den Champagner ein.

URSEL Mir bitte nur'n Tropfen!

OLGA Ich trink Ursel ihrn Teil mit.

KURT Wo sind'n die Vasen? Ich hab doch gesagt, daß Se die Vasen extra einpacken sollen! Die kommen in unsern Blumenladen.

Rau kommt noch mehr ins Schwitzen.

OLGA Ham Se denn keine Augen im Kopf? So packt man doch kein Geschirr ein. Wenn was hin is, müssen Se mir alles ersetzen – auf Heller und Pfennig!

HEINZ Also, was is? Die Liste brauchen wer jetzt! Die Liste!

KURT Ich möchte ja gerne wissen, wo die Vasen hingekommen sind. Ham Se denn nix auf die Kartons draufgeschrieben?

URSEL Laß endlich den armen Herrn Rau in Ruhe. Siehste denn nich, wie der schwitzt?

KURT Ich schwitze auch.

HEINZ *brüllt Rau an* Ich hab Sie was gefragt.

OLGA Ich auch.

KURT Ich auch.

Rau hat genug. Er steht auf und schließt erstmal das Fenster.

RAU Wenn alle durcheinanderschrei'n, versteh ich gar nix.

HEINZ Werden Se ja nich frech, Sie... Wir brauchen die Liste! Also, was is? Wo isse denn, die Scheiß-Liste? Na? *Rau geht zum Tisch, holt die Liste und drückt sie Heinz in die Hand.* Dann wolln wer mal! Also dann Prost, Prost auf...

KURT *fährt fort...* auf unsern Sieg! *Sie stoßen mitein-*

ander an und trinken. Kurt brüllt Hi-ha-ho, der
Klaus, der is k.o.

*Heinz und Olga brüllen mit. Ursel und Karin ist das
Ganze zu geschmacklos.*

HEINZ Was, Sie packen ein, ohne auf die Inventurlise
zu gucken?
RAU Ich hab vorher alles auseinandersortiert und jetzt
pack ich's wieder ein.
KARIN Herr Rau, mögen Sie auch was zu trinken?
RAU Wenn Se vielleicht n Fläschchen Bier hätten?
HEINZ Gib ihm'n Mineralwasser!
RAU Das vertrag ich nich. Dann lieber nix.
HEINZ Dann gibste ihm halt nix, wenn er nix will. *Er
stößt mit den anderen an.* Na los, stoßen wer noch
mal an!
KARIN Was wohl Klaus jetzt macht?
HEINZ N dummes Gesicht!
URSEL Der arme Kerl!
KURT Sag, spinnst du? Die Rechtslage war doch voll-
kommen eindeutig.
URSEL Hattet ihr denn kein schlechtes Gewissen, als
er leer ausging?
HEINZ Blut is dicker wie Wasser.
KARIN Mir hat er auch leidgetan.
URSEL Mir auch.
OLGA Mir nich.
KURT Toll is ja, daß er auch noch die Notarkosten be-
rappen muß! Da muß er feste Saxophon blasen.
URSEL Sei doch nich so gemein!
KARIN Der arme Kerl!
HEINZ Der Notar hat sich vielleicht amüsiert! Mit
nem ungültigen Testament zum Gericht rennen! Da
könnte jeder kommen.

KARIN Wieso ungültig?

HEINZ Haste das immer noch nich geschnallt? N Testament muß mit vollem Namen unterschrieben sein. Nich bloß mit »Tante Martha«. Da war se anscheinend doch nich im »Vollbesitz ihrer geistigen Kräfte«. So, alles klar? Na, dann sammel mal die Gläser wieder ein, Karin. Die kriegen wir. Je schneller wir mit der Wohnung fertig sind, desto eher können wer se vermieten. *Er nimmt etwas aus einem Wolz-Karton.*

KURT He, he, he, das is unser Karton!

HEINZ Ich mach nur mal ne Stichprobe. *Er packt etwas aus, eine Vase.*

KURT N Vase. Da sind se, die Vasen, meine Vasen!

HEINZ Fängt schon wieder gut an. Das is nich deine, das is meine! Meine Vase!

OLGA Nee, das is die griechische! Die hat Martha 1964 aus Athen mitgebracht. Die hat se meiner Mutter geschenkt. Die gehört mir. *Sie nimmt sie an sich.*

HEINZ Nee, mir gehört se! Guck doch mal auf die Liste.

URSEL Mama, bitte! Wir wissen doch nich mehr, wohin mit dem ganzen Kram. Wir ham doch bloß ne Dreizimmerwohnung.

KURT Drum nehm ich se ja, dann bleibt se wenigstens in der Familie!

KARIN Gib doch nach, Heinz. Is doch bloß'n Staubfänger.

HEINZ Immer soll ich nachgeben! Wenn de den Wolzens n kleinen Finger gibst... Also gut, von mir aus. Machen wer halt noch ne Stichprobe. *Er holt noch eine Vase raus.* Aber das is jetzt eindeutig meine! Jugendstil!

KURT Jugendstil? Was is das denn? Zeig her!

HEINZ Laß se ja nich runterfalln.

KURT Nich toll. *Er gibt sie ihm zurück.* Kannste von mir aus ruhig behalten. Die kriegste nich mal auf'm Flohmarkt los.

HEINZ *freut sich, daß er ihn übers Ohr gehauen hat* Du mußts ja wissen! Was isn eigentlich mit deiner Frau los? Wo bleibt'n die so lange?

KURT Die steht noch im Laden.

HEINZ Wenn se noch stehn kann.

KARIN Heinz!

KURT Um zwei fängt im Klinikum die Besuchszeit an. Was meinste, wieviele da noch'n Blumenstrauß wollen!

HEINZ Du kannst scheinbar nie genug kriegen?

KURT Jetzt sollten wer im Schlafzimmer anfangen.

OLGA Davor graust mir jetzt schon. Da stinkt's noch mehr.

HEINZ Da machen wers genauso wie'm Wohnzimmer. Den ganzen Bestand aufnehmen und durch zwei teilen.

KURT Am besten wär: alles in Container. Und weg mit dem Mist!

OLGA Weggeschmissen wird nix.

URSEL Mama, wir können uns zu Hause vor lauter Zeug nicht mal mehr umdrehen…

OLGA Immer müßt ihr alles wegschmeißen. Ihr werdet schon noch sehn, wo das hinführt.

HEINZ Rau, wenn Se mitm Wohnzimmer fertig sind, kommen Se rüber ins Schlafzimmer!

OLGA Ins Schlafzimmer kommt der mir nich rein.

HEINZ Wer weiß, wie oft der schon drin war.

OLGA *schon im off* Das glaub ich nich.

HEINZ *off* Weil de's nich glauben willst.

Alle ab. Rau schmunzelt verschmitzt, nimmt seinen Flachmann, prostet Tante Marthas Porträt zu und trinkt. Es schellt, er geht zur Tür und kommt mit Siggi zurück. Siggi hat sich für den Anlaß wieder mal zu aufreizend angezogen. Sie hat auch schon wieder was getrunken. Rau fallen die Augen raus.

SIGGI Hallo.
RAU Guten Tag, Frau Wolz!
SIGGI Wo sind'n alle?
RAU Im Schlafzimmer.
SIGGI Ach, is hier staubig. Ich würd lieber nach Erlenstegen ins Naturgartenbad fahren und mich'n Stündchen in die Sonne knallen.
RAU Ich auch.
SIGGI Da trifft man immer wieder mal'n duften Typen. *Sie sieht den Rest Champagner.* Ach, da is ja noch was zu trinken. *Zu Rau.* Mögen Se auch was? *Sie gießt ihm etwas in eine Sammeltasse.*
RAU Ich darf ja eigentlich nich…
SIGGI N Täßchen schadet nix.
RAU Na, wenn Se meinen. Warten Se, ich hol Ihnen auch ne Tasse.
SIGGI Nee, danke, ich trinke aus der Flasche.

Olga kommt. Sie hat einen Pelzmantel an.

OLGA *zu Siggi* Auch schon da?
SIGGI Tag, Schwiegermutter!
OLGA Warum nimmste dir kein Glas?
SIGGI Toll siehste aus.
OLGA Wirklich? Is der nich'n bißchen kurz, der Persianer?
SIGGI Nee, grade richtig.

OLGA Martha war ja'n Kopf kleiner. Vielleicht kann man ja noch was rauslassen. Wenn er bloß nich so fürchterlich stinken würde. Mitm Lüften hatte se's nich…

Ursel kommt, sie hat beide Arme voller Kleidungsstücke.

URSEL Ach, Siggi. Hallo.
SIGGI Tag, Ursel.
URSEL Wo soll ich'n die Klamotten hintun?
OLGA Sind alle schon aussortiert. Wirf se halt alle da auf nen Haufen fürs »Rote Kreuz«.
RAU *mischt sich ein* Kann ich nich die Kleider ham?
OLGA Warum nich. Wenn Se se zur Altkleidersammlung bringen?
RAU Nee, die bring ich in Second-Hand-Laden. Die nehmen alles.
OLGA Wenn Se mir 50 Prozent von dem geben, was Se kriegen?
URSEL Also, Mama, das kannste doch nich machen. Sei froh, daß Herr Rau so nett is und das alte Zeug wegbringt…
OLGA 50 Prozent sind 50 Prozent! 50 Prozent ham und 50 Prozent nich ham…

Ursel ab. Kurt kommt, die Arme voller Kleider.

KURT *wütend zu Siggi* Was willst'n du schon hier?
SIGGI Das is vielleicht'n Empfang!
KURT Rau, gehen Se doch mal ins Schlafzimmer!
RAU Ich dachte, da soll ich nich rein.
KURT Werden Se ja nich frech! Raus!

Rau ab.

KURT *reißt Siggi die Champagnerflasche aus der Hand* Du gehst jetzt sofort nach Hause und machst'n Laden wieder auf!

SIGGI Ich denk ja gar nich dran. Und rumkommandieren laß ich mich auch nich. Und von dir schon gar nich. Is das klar?

KURT Du kannst doch am hellichten Tag den Laden nich zumachen.

SIGGI Ich mach, was ich will! Das is mein Geschäft! Da steht immer noch groß und deutlich »Blumen-Müller« drüber, nich »Blumen-Wolz«, klar?

KURT *schluckt* Hab verstanden.

SIGGI *zu Olga* Is noch'n Pelzmantel da?

Heinz und Karin kommen, die Arme voller Kleider. Siggi geht ins Schlafzimmer.

OLGA Zwei. Kannste beide ham. Karin will keinen…

HEINZ Wer sagtn das? *Bevor Karin etwas sagen kann.* Karin, hol dir sofort'n Pelzmantel, aber schnell!

Karin ab.

OLGA Wenn das alles nur nich so stinken würde.

KURT Nase zu und rein!

Olga und Kurt ab. Sie stoßen beinahe mit Rau zusammen, der vollbeladen wie ein wandelnder Kleiderständer hereinkommt.

HEINZ Alles drauf da auf den Haufen!

Heinz ab. Rau schmeißt die Kleidung hin, nimmt sich ein Kleid, betrachtet es. Karin kommt im Pelzmantel. Sie fühlt sich nicht wohl.

KARIN N Abendkleid! Stark! So eins wollt ich schon lange. *Sie läßt den Pelzmantel fallen, schlüpft rasch ins Abendkleid.*

RAU Das trug se immer, wenn se in die Oper ging. Und ich mußt se dann mit'm Kapitän zum Opernhaus chauffieren, aber das is jetzt auch schon wieder gut zehn Jahre her...

Rau ab. Heinz kommt mit einem Stapel Kleider zurück und wirft sie auf den Haufen. Er lacht sich halbtot, als er Karin im Abendkleid sieht. Siggi kommt im Pelzmantel zurück. Sie schwenkt eine Flasche Cognac hin und her.

HEINZ Zieh bloß den Fetzen wieder aus! Der kommt mir nich ins Haus.

KARIN Ich mach mir aber nix aus Pelzmänteln.

SIGGI Ich schon. Es gibt nix Geileres.

HEINZ Siehste! Pack ihn ein!

SIGGI *schwenkt immer noch die Cognacflasche* Guckt mal, was ich hier Schönes gefunden habe? N Napoleon. Im Nachtkästchen hinter Tante Marthas Schlüpfer.

OLGA *sie kommt vollbepackt zurück* ... immer mußt ich auf sie aufpassen, wenn wer weg warn. »Bleib schön hinter mir und fall nich hin«, hab ich zu ihr gesagt.

Ursel und Kurt folgen ihr, schwer schleppend. Sie schmeißen ihre Sachen auf den Haufen. Olga redet auf ihre genervten Kinder ein.

SIGGI Ich muß den sechsten Sinn für sowas ham...

Kurt nimmt Siggi den Cognac weg und stellt ihn auf den Wohnzimmertisch.

KURT *zu Siggi* Der Cognac bleibt da stehn, wo er steht! Is das klar?

OLGA Bei jedem Scheiß fing se an zu flennen. Und wenn se mal was ausgefressen hat, hab ich die Schläge für sie einstecken müssen.

URSEL Mama, bitte, mußte immer wieder davon anfangen?

OLGA Damit ihr endlich mal begreift, warum ich se nich mag. Aber ich lebe noch, ich lebe. *Rau kommt, mit schwarzen BHs vollbepackt, zurück. Sie erschrickt, zu Rau.* Was ham Se'n da? *Sie reißt ihm einen schwarzen BH aus der Hand.* Schwarze Büstenhalter, na, sowas, wieviele sind'n das? *Sie zählt, wirft voller Abscheu einen BH nach dem anderen auf den Haufen.* Eins, zwei, drei, vier, fünf, sechs, sieben, acht, neun, zehn. Daß sich die nich schämt. Zehn schwarze Büstenhalter!

SIGGI Geil. Was haste denn gegen schwarze BHs. Ich hab selber welche, bloß keine zehn.

Kurt wirft Siggi einen bösen Blick zu. Karin ab.

OLGA Ich glaub, ich setz mich jetzt lieber. *Sie setzt sich.*

SIGGI Schwarze BHs und Napoleon. Tante Martha wird mir immer sympathischer. *Siggi ab.*

OLGA Das hätt ich nich von ihr gedacht. So'n falsches Luder, so'n falsches. Tat immer so, als könnt se nich bis drei zähln und dann das…

KURT Mama, bitte! Hilf mir lieber im Schlafzimmer, daß de wieder auf andre Gedanken kommst!

URSEL Mir is das langsam alles peinlich. Im Innenleben von nem Menschen rumschnüffeln! Jeder hat n Recht auf seine Privatsphäre, Mama! Auch, wenn de se nich leiden konntst. Stell dir bloß mal vor, in deinen Sachen schnüffelt mal jemand rum?

Kurt und Ursel ab.

OLGA Ich kann se nich mehr sehn. Schafft mir die gräßlichen Dinger endlich aus den Augen!
RAU Ich bring se gleich morgen in den Second-Hand-Laden.
OLGA Aber wie ausgemacht: 50 Prozent! *Pause* Nee, sone…, son dreckiges Schwein! Macht auf alte Jungfer und in Wirklichkeit… Son scheinheiliges Luder, nee, nee… *Mit Blick auf Tante Marthas Porträt.* Jetzt wird mir so manches klar. Ich kann se nich mehr sehn, ich kann se nich mehr ansehn. *Sie erhebt drohend die Hand.* Dir wird das Grinsen noch vergehn! *Pause.* Mein Gott, der Maler, 1964 in Athen. Daß ich daran noch nich gedacht hab! *Pause.* Der hat se nich bloß gemalt …
HEINZ Was hatte denn die in Athen zu suchen?
OLGA Hab ich das noch nich erzählt? Vati war im Krieg in Griechenland, da hat er sich mit nem Griechen angefreundet, der war was Besseres, n Professor für Deutsch, und den hat Martha dann besucht. Ganz allein isse mit ner Reisegruppe runtergefahren – mit'm Omnibus-Römming. Und'n Cousin von dem Professor war'n Kunstmaler. Der hat das Bild da gemalt…

Kurt, Karin und Siggi kommen mit Stapeln voller Bettwäsche.

KURT Jetzt kommt das Schlimmste. Die Bettwäsche.

KARIN N ganzer Schrank voller Bettwäsche. Was hatn die bloß mit der ganzen Bettwäsche gemacht?

KURT Solln wer die extra wo hintun oder was?

OLGA Pfui Teufel, wie die stinkt! Wie verfault. Schämen soll se sich! Die hat sogar die Bettwäsche verkommen lassen.

SIGGI Das is doch das Mottenpulver.

OLGA Nee, Mottenpulver riecht anders. Schade um die schöne Bettwäsche. Die müssen wer...

KURT *fällt ihr ins Wort* ...entsorgen. Die muß in Sondermüll. *Kurt lacht.*

Ursel kommt auch mit Bettwäsche. Sie kann sie nicht mehr halten. Alles fällt herunter. Dabei entdeckt sie einen Briefumschlag.

URSEL Da war was in der Bettwäsche drin. N Brief.

KURT Gib ihn her! *Er schnappt ihn Ursel weg, öffnet und überfliegt ihn.* Rau, gehen Se mal raus. Ich ruf Sie wieder, wenn wer Sie brauchen. *Rau ab. Sehr lange Pause. Kurt liest den ganzen Brief. Gespannte Erwartung. Kurt ist am Boden zerstört.* Das gibt's doch nich!

HEINZ Was gibt's nich?

KURT Das kanns doch gar nich geben.

HEINZ Zeig her!

Kurt reicht Heinz das Dokument weiter. Heinz liest es, er lacht auf. Rau kommt zurück mit einem Plastikmenü von »Essen auf Rädern«. Rau versucht, einen Blick auf das Dokument zu erhaschen, das Heinz in der Hand hält. Heinz merkt es, dreht sich von ihm weg.

RAU »Essen auf Rädern«. Spaghetti mit Hackfleisch.

KURT *zu Heinz* Wolltest du das Essen nich endlich kündigen? Kostet doch auch Geld.

HEINZ Sei still... ich lese.

RAU Wer möchte's essen? Lag vor der Tür, is noch warm.

HEINZ *wütend* Essen Sie's! Los, ab in die Küche! Wehe, Sie lassen was übrig! Mahlzeit!

Rau schaut ihn ungläubig an und verdünnisiert sich.

HEINZ Karin, guck doch bitte mal nach, ob der auch wirklich in die Küche is.

KARIN So kannst den Mann doch nich behandeln!

HEINZ Der kann froh sein, daß er uns helfen darf. Wir können auch anders. Und zu essen kriegt er auch noch.

KURT *immer noch am Boden zerstört* So'n Schlamassel! Schon wieder'n Testament! Jetzt is alles aus!

HEINZ *unheilsdrohend* »Wenn mehrere Testamente vorliegen, hebt das jeweils letzte das vorhergehende auf.« *Er gibt das Testament Kurt zurück.*

OLGA Noch'n Testament? Noch eins? Jetzt versteh ich gar nix mehr. Das ham wer doch schon alles hinter uns.

HEINZ Und diesmal isses auf Klaus ausgestellt. Lies doch mal vor!

KURT Jetzt müssen wir nochmal aufs Gericht. Jetzt geht das ganze Theater wieder von vorne los. *Liest.* »Im Vollbesitz meiner geistigen Kräfte...«

OLGA Schon wieder. Die hatte's nötig!

KURT »...treffe ich folgende letztwillige Verfügung im Falle meines Todes« *Unbemerkt von allen spitzt Rau durch den Türspalt.* »Ich hinterlasse mein gesamtes Vermögen bei der Bayerischen Hypotheken- und Wechsel-Bank und mein Anwesen in der Wodanstraße 17 Herrn Klaus Schneider, dem verwitweten Ehemann meiner Nichte Irmgard, geb. Pöhlmann.«

OLGA Is die schlecht, is die schlecht!

KURT *liest weiter* »Meinen Opel Kapitän erhält mein Hausmeister Erich Rau hier im Hause als Dank für treue Dienste. *Rau schließt die Tür lautlos, er hat genug gehört.* Gezeichnet Martha Pöhlmann, Nürnberg, den 3.4.1996.«

HEINZ Voll rechtsgültig! Da stimmt alles.

KURT Jetzt stehn wer da.

OLGA Sone schlechte Sau, sone schlechte! Ihr eigen Fleisch und Blut enterben! Komm, Ursel, hier hält uns nix mehr. Wir gehen!

HEINZ Bleibt hier. Deswegen braucht ihr nich zu gehen! *Er grinst, zu Kurt.* Gib mir das Testament.

KURT Na, gut, dann gehst halt du zu Dr. Krauß, wenn de meinst. *Kurt gibt's ihm.*

HEINZ Keiner geht zu Dr. Krauß. Keiner.

KURT Ich mach's schon. Einer muß doch gehen.

HEINZ Keiner geht.

KURT Jetzt blick ich überhaupt nich mehr durch.

HEINZ Ganz einfach: Ihr habt nix gesehn und ich hab nix gesehn. Und Dr. Krauß sieht auch nix. Weil's kein Testament mehr gibt. So einfach is das: Wenn nix da is, kann keiner was wolln.

KURT Bist du'n raffinierter Hund!

HEINZ Wir lassen uns doch von so'ner hergelaufenen Arschgeige nich um unser Erbe prellen. Wir sind doch keine Idioten! Bloß keine schlafenden Hunde wecken! Es gibt kein Testament, weil ich das Testament vernichte, klar? *Er steckt es in seine Brieftasche. Pause.* Karin, sieh mal nach, ob Rau noch ißt?

Karin ab.

URSEL Das kannste doch nich machen, wo bleibtn da die Gerechtigkeit?

HEINZ Ja, genau. Drum vernicht ich's ja, Wegen der Gerechtigkeit.

URSEL Da mach ich aber nich mit.

OLGA Du hast gar nix zu sagen. Ich erbe.

URSEL Jetzt auf einmal! Wer wollte denn das Erbe ausschlagen? Ich kann zur Polizei gehen.

OLGA Geh doch, dann steht halt Aussage gegen Aussage... und außerdem, wer glaubt dir denn schon? War ich vielleicht schon mal in der Nervenklinik? Hä?

URSEL *weint* Bist du gemein, so gemein. Was hast du versprochen?

HEINZ Wir ham damals auch mal'n Lehrer so fertiggemacht. Ich glaube, der is heut noch drin.

URSEL *weinend* Das Testament vernichten. Das wird nicht vernichtet. Ich bin doch kein Verbrecher!

KURT Wir vielleicht?

OLGA Paß auf, daß de nich wieder'n Rückfall kriegst, wenn de so weitermachst...Wer hat'n die ganzen Scherereien? Ich.

KARIN *kommt zurück* Der ißt immer noch.

HEINZ Bleib an der Tür stehn und halt se zu. *Karin bleibt an der Tür stehen.* Also, dann wolln wer mal. *Pause. Er hält den Schwurfinger hoch. Alle anderen machen es ihm nach.* Die vier anwesenden Erben schwören...

KURT *fällt ihm ins Wort* ...bei allem, was ihnen heilig is...

HEINZ Das sowieso... daß sie von der Existenz eines zweiten Testaments... nee, Blödsinn, viel zu kompliziert. *Neuer Anlauf.* Herr Kurt Wolz... und Ehefrau Sigrid, Frau Olga Pöhlmann... und Tochter Ursula...

OLGA *zu Ursel* Wird's bald? *Ursel hebt widerstrebend den Schwurfinger hoch.*

HEINZ ...Herr Heinz Pöhlmann und seine Ehefrau Karin schwören...

KURT ...bei allem, was ihnen heilig ist...

HEINZ Meinetwegen... daß sie von der Existenz eines zweiten Testaments von Frau Martha Pöhlmann nichts wissen... ach, Quatsch, gefällt mir auch nich... daß kein zweites Testament existiert... nee, das isses auch nich. Also: Ihr wißt schon... *Er nimmt die Hand wieder runter, die anderen auch.* Wir haben nichts gefunden. Es is nix da. Wir wissen von nix! Nix! Alles gehört uns. Alles klar?

KARIN *geht von der Tür weg auf Heinz zu* Ich weiß nich, ob das richtig is.

URSEL Ich auch nich.

HEINZ Und ob das richtig is!

OLGA *deutet auf Tante Marthas Porträt* Du brauchst gar nich so zu grinsen. Von dir lassen wir uns nich mehr fertig machen, von dir nich!

SIGGI Jetzt brauch ich aber echt was zu trinken, sonst dreh ich noch durch!

KURT Nich bloß du. Wir ham uns jetzt weiß Gott alle'n Schluck verdient. *Er holt die Flasche Cognac, die er Siggi abgenommen hat und läßt sie unter den Erben kreisen. Zu Heinz.* Prost, Partner! Mir is der Arsch jetzt ganz schön auf Grundeis gegangen!

HEINZ Alter Schisser! *Pause* Haste überhaupt ne vernünftige Lebensversicherung? Hat er eine, Siggi?

SIGGI Die zeigt er mir doch nich.

HEINZ Dann wird's Zeit, daß de eine abschließt. Minimum ne Viertelmillion. Drunter würd ich nich gehn. Ich könnt dir'n tolles Angebot machen. Denk doch mal an deine Frau!

SIGGI Das wäre das erste Mal.

KURT Machen wer lieber wieder weiter! *Er macht die Tür auf und brüllt raus.* Rau, Sie können wieder reinkommen!

URSEL *merkt nicht, daß Rau schon in der Tür steht* Jetzt... sind wer alle... kriminell!

Rau grinst wissend.

Dunkel.

DRITTER AKT

Dunkel. Die gute Stube in der Nacht. Bis aufs Bücher-regal, den Bildern an der Wand und der Zinnteller-sammlung wurde alles ausgeräumt. Olga und Kurt schleichen im Schein einer Taschenlampe wie Einbre-cher herein. Olga leuchtet, Kurt trägt in der einen Hand eine Küchenleiter, in der anderen eine Aktenta-sche. Sie sprechen leise.

KURT Fall nich, Mama!

OLGA Ich bin doch nich Tante Martha!

KURT Pst, sei still! Ich hör was!

OLGA Was hörste?

KURT Da hat was geraschelt.

OLGA Ich hör nix.

KURT Biste dir auch wirklich sicher?

OLGA So sicher wie's Amen in der Kirche. Der muß noch irgendwo sein, wenn er schon nich im Schlaf-zimmer war. Und da isse drin.

KURT Ich mach mal Licht.

OLGA Bloß nich! Sonst merkt Rau noch was und holt Heinz!

KURT Aber die Rollos sind doch zu.

OLGA Aber das Licht schimmert durch die Ritzen.

KURT Dann leuchte doch wenigstens mal richtig. *Ol-ga blendet ihn.* Aber bitte nich ins Gesicht, sonst seh ich gar nix mehr! *Kurt stellt die Leiter unter die Zinntellersammlung, steigt hoch.*

OLGA *sammelt die Teller ein, steckt sie in eine Plastik-tüte* Wir wärn ja dumm, wenn wir das Heinz auch noch verklickern würden! Dann müßten wer wie-der mit ihm teilen. *Pause.* Und gut is auch, daß Ur-sel heute Abend bei ihrm Schulkonzert is. Da merkt se nich mal, daß ich weg bin. *Kurt klopft die Wand nach einem Hohlraum ab.* Die braucht nich alles zu wissen, und Siggi schon nar nich!

KURT *steigt von der Leiter* Da isse nich! Erst müssen wir se finden! *Er klettert zum Bild mit dem Elfenreigen hoch, nimmt das Bild ab, reicht es Olga, klopft die Wand ab.*

OLGA Der Elfenreigen gehört mir auch.

KURT Wo willste denn den hinhängen, wo de kein Platz mehr hast?

OLGA Mich ham se zweimal beschissen. Das erste Mal, als dein Opa starb. Da hat dein Onkel Karl, Heinz sein Vater, die Metallgießerei gekriegt...

KURT Fehlanzeige! *Er geht mit der Leiter zu den Vorhängen, klopft die Wand ab.*

OLGA ...und das zweite Mal, als deine Oma starb...

KURT Da is auch nix! Das weiß ich doch alles: Zweimal ham se dich beschissen, weil se dich immer nur mit Geld abgespeist ham. *Er klopft.* Da is auch nix! *Olga beleuchtet Marthas Porträt.* Mensch, Mama, wo leuchteste bloß hin? Soll ich noch von der Leiter fallen?

OLGA *droht dem Porträt* Dir wird das Grinsen schon noch vergehn!

Kurt stellt die Leiter vor's Porträt, nimmt es ab, reicht es Olga, die es umdreht und vor den Bücherschrank lehnt. Kurt klopft die Wand hinterm Porträt ab.

KURT Da is was! Da is was! Das muß er sein, das isser, jetzt ham wer'n, den Tresor! *Er kratzt die darübergeklebte Tapete weg.* Jetzt brauchen wir bloß noch den Schlüssel. Vielleicht steckt er ja hinten im Bild drin? Guck doch mal!

OLGA *leuchtet die Hinterseite des Bildes ab* Ich seh nix! Wär zu einfach gewesen. So leicht macht's uns das raffinierte Luder nich!

KURT *steigt von der Leiter, untersucht nun auch das Bild* Weißte was, Mama? Wir machen erst gar nich lang rum.

Kurt öffnet seine Aktentasche, nimmt einen Hammer und einen großen Schraubenzieher heraus und versucht das Schloß aufzustemmen, was natürlich großen Lärm macht. Olga leuchtet. Da geht auf einmal die Tür auf, und Heinz erscheint auf der Szene, mit seinem Handy in der Hand. Er knipst sofort das Licht an und geht wütend auf die von der plötzlichen Helligkeit geblendeten Einbrecher los.

HEINZ Schau mal einer an! Hab ich euch erwischt? Ihr Schweine, ihr! Was solln das? Was macht'n ihr da? *Kurt hört augenblicklich auf zu hämmern und steigt von der Leiter. Er ist so verblüfft, daß er sprachlos ist.* Was ihr da macht, will ich wissen! *Er entdeckt den Tresor.* Menschenskind, n Tresor, n Geheimtresor! Wahnsinn! Und ihr wolltet'n ausrauben? Das is Diebstahl, das is Einbruch, ihr Schweine, ihr! Dafür kann ich euch anzeigen!

OLGA Und du? Was hast denn du hier zu suchen? Hä?

HEINZ Wenn ihr mir nich sofort sagt, was das soll, ruf ich die Bullen an. *Er wählt schon mal.*

KURT Sag's du ihm, Mama! Das war deine Idee.

OLGA Mir is heut abend eingefallen, daß mein Vater, dein…, also euer Opa…

KURT *kürzt ab* …ne Münzsammlung hatte.

OLGA Nich bloß ne Handvoll alte Geldstücke, sondern ne ganz wertvolle Sammlung mit ganz alten Münzen.

HEINZ Und die solln dadrin sein?

OLGA Die Sammlung war sein Ein und Alles. Jeden Sonntag nach'm Mittagessen hat er sich ins Büro eingesperrt und die Münzen angeguckt.

HEINZ *gibt Kurt das Handy* Her mit'm Hammer! *Nun hämmert er am Schloß rum.*

OLGA Aber die Münzen gehören mir.

HEINZ Denkste! Ich krieg die Hälfte!

KURT Aber sone Münzsammlung kann man doch nich zerreißen. Das is doch wertmindernd.

HEINZ Nee, »zerrissen« wird se nich. Verkauft wird se, und das Geld, das wir dafür kriegen, wird durch zwei geteilt.

KURT Daß ichs nich vergesse: Was machst'n eigentlich du hier? Mitten in der Nacht?

HEINZ *weiterhämmernd* Weißte doch: Ich hab mich doch bereit erklärt, alle Akten durchzuchecken. Im Moment bin ich bei 1973. 23 Jahre habe ich noch vor mir…

KURT Und? Haste was Wichtiges gefunden?

HEINZ Bis jetzt noch nich.

OLGA Du warst die ganze Zeit nebenan, und wir ham's nich mal gemerkt?

HEINZ *letzter Versuch* Nee, so wird das nie was! *Er steigt wieder runter.* Wir brauchen'n Schneidbrenner.

KURT: Spinnst du? Daß was verbrennt. Nee! Den Schlüssel brauchen wer. Da muß doch einer da sein? Aber wo?

Die Tür geht auf. Rau, im Bademantel und Pyjama, führt Ursel und Klaus herein. Ursel, nett angezogen für's Konzert, ist wieder eine Spur hübscher als im 2. Akt, aber die häßliche Brille und die unmögliche Frisur stören noch sehr. Klaus hat sich einen Freizeit-

Rucksack umgeschnallt. Olga geht wütend auf Ursel los, Heinz stürzt sich auf Klaus, will ihn rausschmeißen. Rau zieht sich sofort zurück.

RAU N'Abend, zusammen! *Zu Ursel.* Wenn ihr mich nich mehr braucht, würd ich gern wieder weiterschlafen. *Rau ab.*

OLGA Was willst'n du hier?

KLAUS Hallo!

HEINZ Raus! *Er will Klaus packen.* Du hast hier nix zu suchen! Raus!

KLAUS *weicht zurück* Bitte, keine Gewalt. Ich kann alles Mögliche vertragen, aber keine Gewalt, dagegen bin ich allergisch...

HEINZ Du hast Hausverbot!

URSEL *stammelnd* Ich hab Klaus grade getroffen – beim Schulkonzert...

HEINZ So?

OLGA Sieh lieber zu, daß de affm schnellsten Weg nach Hause kommst und ab ins Bett!

HEINZ *wütend zu Ursel* Ja, sag mal, spinnst du oder was? Und n Rucksack hat er auch noch dabei. Und du schleppst'n auch noch hier her! Das is... Beihilfe zum Diebstahl. *Zu Klaus.* Raus!

URSEL Ich hab mir nur gedacht...

OLGA Du weißt ganz genau, wie das is, wenn de nich richtig ausgeschlafen hast! Dann flattern deine Nerven...

URSEL ...tja, und weil ihr die Bücher sowieso ins Altpapier schmeißen wollt, hab ich mir gedacht, könnten wir se genausogut Klaus geben...

HEINZ Die Bücher bleiben da.

URSEL Ach, komm, Heinz, sei doch nich so! Die hat'n doch schon Tante Martha versprochen.

HEINZ Die hat'n gar nix versprochen, weil se nix mehr versprechen kann.

KURT *geht rasch zum Bücherschrank* Die Bücher! Genau! Daß ich dadrauf noch nich gekommen bin! Die Bücher, Heinz, hinter den Büchern isser!

Heinz läßt von Klaus ab und hilft Kurt. Sie schmeißen wahllos Bücher aus dem Regal, weil sie den Tresorschlüssel dort vermuten, und bombardieren Klaus mit Büchern. Der sammelt sie auf und stopft sie in seinen Rucksack. Olga nimmt unterdessen Ursel beiseite und quetscht sie aus.

KURT Da haste deine Scheiß-Bücher! »John Knittel: Via Mala.« So'n Scheiß!

OLGA *leise* Wehe, wenn du dem was... du weißt schon... dann biste nich mehr meine Tochter.

URSEL Ich hab nix gesagt.

HEINZ »Dostojewskij: Schuld und Sühne.« Scheiß! Nix wie Scheiß! Kein einziger Stephen King.

URSEL *zu Olga* Ich dachte bloß, irgendwas müssen wer'm doch geben, wenn er schon nix kriegt...

OLGA Du hast doch was gesagt! Gibs zu!

KURT »Luis Trenker: Mein Leben.« Scheiß! Da isser nich, der Schlüssel...

URSEL Wie oft soll ich denn noch sagen, daß ich nix... Ich schwör's!

HEINZ »Humor und Witz. Das große Hausbuch des deutschen Humors.« Das hatte mein Vater auch. »Deutsche Buchgemeinschaft.« Scheiß! *Zu Kurt.* Wo kann er denn sein, wenn er da nich is?

KLAUS *Bücher aufsammelnd* Irgendwas stimmt mit euch nich... Wenn Tante Martha das wüßte...

KURT »Götter, Gräber und Gelehrte«. Scheiß!

KLAUS Ihr konntet se alle nich leiden. Keiner von euch hat sich um sie gekümmert! Und jetzt...

KURT Halt's Maul! »Caspar Hauser oder Die Trägheit des Herzens.« Scheiß!

KLAUS Irmgard und ich, wir warn die einzigen, die sich um sie... *Getroffen. Au!*

HEINZ Wenn de noch einmal »Irmgard« sagst, passiert was! Die hast du auf'm Gewissen. Meinste, die wär von alleine nachts um halb zwölf in der Weltgeschichte herumgefahren? Nie im Leben! Bloß weil se dich von deim beschissnen Konzert abholen mußte...

KLAUS *geht auf Heinz los* Hör auf! Du hast kein Recht, mir das ewig vorzuwerfen! Du nich! Ich kann nix dafür. Der Typ is mit seim Auto frontal auf sie drauf...Ich hab schwer dafür büßen müssen. Ich hab deine Schwester geliebt, wie ich noch nie'n Menschen geliebt hab!

HEINZ Du lügst doch, wenn de den Mund aufmachst!

KURT Steiger dich doch nich so rein, Heinz. Laß ihn reden und hör nich hin! Je schneller der mit seinen Büchern verschwindet, desto besser. *Er will wieder ein Buch werfen.* »Hitler: Mein Kampf«. Scheiß!

HEINZ Halt! Das behalten wer. Ich kenn da'n Ami, der zahlt glatt zwei Riesen dafür.

KURT Einen für mich und einen für dich. Jetzt brauchen wer bloß noch den Schlüssel.

KLAUS Ihr seid ja nich mehr ganz dicht. Ihr macht ja aus Dreck noch Geld, ihr gierigen Halunken, ihr... Viel Freude mit euerm Erbe! Na, ihr werdet es schon noch sehn...

HEINZ *nimmt ein Buch* »Zimmergymnastik.« Die Alte hat Zimmergymnastik gemacht. *Er lacht auf.*

Das muß man sich mal vorstellen! Ein Bild für die Götter!

Klaus geht ab. Als er die Tür erreicht, geht sie plötzlich auf. Karin und die wieder sichtlich angetrunkene Siggi kommen, eskortiert von Rau, herein. Karin, die Klaus noch kurz hinterherschaut, wird von Heinz mit einem Buch getroffen.

KARIN Au, spinnst du!

RAU Jetzt is an Schlaf nich mehr zu denken. *Rau ab.*

HEINZ *zu Karin* Mußt du auch noch antanzen?

KARIN Heinz, langsam geht's so nich mehr weiter! Du bist keine Nacht mehr zu Hause.

SIGGI Is denn nix zu trinken da?

KURT *zu Heinz* Ich habs gewußt. Jetzt kommt's raus. Wie oft warste denn schon hier?

HEINZ Heute Nacht zum ersten Mal.

KARIN ...und die anderen Nächte? *Ihr wird so manches klar.*

KURT Du klaust uns alles weg.

SIGGI Heinz, hast du was zu trinken?

KARIN Du kannst anscheinend nich genug kriegen...

HEINZ Biste jetzt still!

KURT Das is Diebstahl.

HEINZ *zu Karin* Siehste, was de angerichtet hast! *Zu Kurt.* Ich quäl mich hier durch die Akten, und das is der Dank dafür... Mach's halt du! *Kurt räumt weiter Bücher aus.*

URSEL Ich geh.

OLGA Du bleibst.

SIGGI Ja, Ursel, wir gehen was trinken.

URSEL Eben sagste, ich soll nach Hause, und jetzt sagste, ich soll bleiben. Was soll ich denn noch da? Ich mag nich mehr! Mir reicht's, wenn ich euch schon seh!

OLGA Ohne Geld kriegst du nie'n Mann.

URSEL Ich brauch kein.

SIGGI Ich schon.

KARIN Komm, Heinz, wir gehen!

HEINZ Wir ham noch zu tun. Wir ham den Tresor gefunden. Jetzt suchen wer bloß noch den Schlüssel. *Er geht auch wieder zum Bücherschrank, sucht.*

KARIN Du denkst nur noch an Geld, Geld, Geld!

SIGGI Meiner auch. Sonst bringt er ja nix. Geld.

OLGA Willste auch sone alte Jungfer werden wie Tante Martha? Ohne Mann und ohne Kinder?

SIGGI Der bringt doch keinen mehr hoch. Ich brauch kein Geld. Geld hab ich selber. Ich brauch'n Mann, n richtigen Mann. Da gäb ich was drum!

KURT Ich glaube nich, daß der Schlüssel dadrin is.

SIGGI Das is kein Mann, das isn Schlappschwanz! Da kann ja auch nix dabei rauskommen, wenn man Kurt heißt...

HEINZ Vielleicht isser ja ganz unten?

SIGGI Geld und Blumen. Weiter hat er nix im Kopf... Ich kann langsam keine Blumen mehr sehn. Ich brauch'n Mann. M-a-n-n.

KARIN Komm, Heinz, wir gehen.

HEINZ Karin, bitte nerv mich jetzt nich.

SIGGI Im Urlaub sitz ich immer allein am Strand, und er klettert in den Bergen rum und fotografiert Blumen. Und ich bin auch noch so blöd und warte auf ihn, statt mir'n Kerl aufzureißen. Ich kann keine Blumen mehr sehn. Ich will ficken. F-i-c-k-e-n.

KURT Ich ruf dir jetzt'n Taxi, und dann fährste nach Hause und schläfst dein Rausch aus. *Er leiht sich Heinz' Handy.*

SIGGI *brüllt ihn an* Fick mich, fick mich, das können ruhig alle sehn, daß du's nich mehr bringst! *Sie stürzt sich auf Kurt, trommelt ihm gegen die Brust.*

OLGA *trennt sie* Auseinander! Schluß! Ursel, bring se nach Hause, dann braucht dein Bruder kein Geld für'n Taxi rauszuschmeißen.

Ursel legt den Arm um Siggi, da fängt sie hemmungslos zu weinen an.

URSEL Komm, Siggi.

SIGGI Das is doch kein Leben. Das is doch kein Leben. Das is doch…

OLGA Schlaf erstmal ne Nacht drüber.

KURT Ich hab aus der ihrm Laden erst was gemacht. Was hat se denn schon groß verkauft? N paar Alpenveilchen… und jetzt isses der erste Laden am Platz.

OLGA Du hältst jetzt auch den Mund! War halt alles n bißchen viel für das Mädel. Geld is was für Leute mit starken Nerven.

Siggi und Ursel ab.

HEINZ Ich wollts euch zwar erst dann sagen, wenn der Kostenvoranschlag da is, aber vielleicht isses besser, wenn ich's euch jetzt schon sage, damit eure Stimmung'n bißchen besser wird… *Heinz' Handy piepst. Er gibt es Karin.*

KARIN *spricht ins Handy* Macht sofort den Fernseher aus. Ihr müßt morgen früh in die Schule. Papa, sprich'n Machtwort! *Sie gibt Heinz das Handy.*

HEINZ *wütend ins Handy* Haut euch vor die Glotze und rührt euch nicht mehr vom Fleck, bis wir kommen, sonst knallts. Ende!

KARIN Um Gotteswillen, was machst'n du? Heut Nacht gibt's doch was mit Monster. Da ham se wieder wochenlang Alpträume!

HEINZ Du, die Alpträume von dein Bälgern sind mir im Moment scheißegal!

KARIN Das weiß ich schon lange, daß wir dir egal sind. *Sie fängt an zu heulen.*

OLGA Ja, ja, kleine Kinder, kleine Sorgen, große Kinder, große Sorgen. Du hast Siggi ja unbedingt heiraten müssen!

KURT Was solln jetzt das schon wieder?

OLGA Wenn de das nich weißt. Eine Mutter weiß das.

HEINZ *zu Karin* Hör auf zu heulen! Denkste, es dreht sich alles nur um dich und deine Scheiß-Bälger?

KARIN *aufschluchzend* Das sind auch deine!

HEINZ Sei endlich still! *Pause.* Wißt ihr, wie wir am meisten aus dem alten Kasten hier rausholen?

Karin schmollt, geht zum Bücherschrank, kramt herum.

KURT Rau rausschmeißen und Tante Marthas Wohnung schleunigst wieder vermieten.

HEINZ Nee, das sind doch nur »peanuts«. Für Raus Kellerloch könnten wer allerhöchstens 800 Mark nehmen.

KURT 1000.

HEINZ 200 Mark hin oder her.

OLGA 200 Mark ham und nich ham.

KURT Und für die Tante Marthas Wohnung 1.200. Das wärn schon 2.200. 1.100 für dich und 1.100 für mich.

HEINZ Alles »peanuts«. Nee, wir nehmen'n Kredit auf und lassen damit alle 11 Wohnungen renovieren, luxussanieren, verstehste. Und dann verkaufen wir se. Wenn wir im Schnitt 300 000 pro Wohnung kriegen, hätten wer drei Komma fünf Millionen, also eins Komma fünfundsiebzig für dich und eins Komma fünfundsiebzig für mich.

KURT Und wieviel müssen wer'n reinstecken, um das rauszuholen?

HEINZ *ignoriert ihn* Erstens: Fakt is, aus den Mietern hier können wer nix mehr rausholen. Da zahlen wer drauf. Die ham 'n Leben wie in ner Sozialwohnung. *Pause.* Zweitens: Wir müssen ihnen also so schnell wie möglich kündigen. Eigenbedarf anmelden, das zieht immer. Und drittens: Die gehen nich freiwillig. Da müssen wer schon ein wenig nachhelfen. Feuer unterm Arsch, verstehste? Entmieten.

Karin hat plötzlich ein großes Buch in der Hand, Olga sieht es, reißt es ihr aus der Hand.

OLGA Unsre Familienbibel! Her damit! Die gehört mir, weil se meiner Mutter gehört hat. Ich hab doch sonst kein Andenken an Mutti. *Beim Aufblättern fallen zehn Tausendmarkscheine heraus. Olga bückt sich, um das Geld an sich zu nehmen.* Das gibt's doch nich. Geld! Lauter Tausender!

HEINZ *geht zu Olga* Her mit den Scheinen!

OLGA Das is mein Geld. Das war in meiner Bibel. *Sie zählt.*

KURT *prüft die Bibel* Der Schlüssel is nich drin.

HEINZ Ich krieg die Hälfte!

KURT Du kriegst nix. Das kriegt meine Mutter.

KARIN Bitte, Heinz, laß es doch. Wegen den paar Mark.

HEINZ *brüllt* Ich will die Hälfte!

OLGA 10.000 Mark *Sie gibt Kurt das Geld.* Zähl nach!
*Sie fleddert nun in den Büchern herum, findet aber
nichts mehr.*
HEINZ Her mit meiner Hälfte! Fünf Riesen!
KURT Na, für wie blöd hältst du uns eigentlich?
HEINZ Sag ich lieber nich.
KURT Mama, komm, wir gehen.

*Olga schmeißt ihm einzeln fünf Tausender vor die Fü-
ße, sie blickt Tante Marthas Porträt strafend an.*

OLGA Ja, ja, alles bloß wegen der da. Und so schön
war se echt gar nich. Mich hättet ihr sehn solln. Ich
war viel schöner.
KURT Mama, komm!
OLGA *zu Heinz* Ich laß mir nix schenken.

*Olga und Kurt ab. Heinz bückt sich, hebt seinen An-
teil freudestrahlend auf, fächert die Scheine auf wie
ein Kartenspiel.*

KARIN Biste jetzt zufrieden?
HEINZ Ich hab nix zu verschenken. Hoffentlich war
in den Scheiß-Büchern, die Klaus mitgenommen
hat, nich auch noch was drin.
KARIN Weißte, daß ich mich für dich schäme, richtig
schäme?

Dunkel.

VIERTER AKT

*Ein paar Tage später. Bis auf einen Tapetentisch und
zwei Küchenstühle ist das Wohnzimmer nun ganz leer.
Der Tresor ist immer noch ungeöffnet. Rau muß für
die Erben schuften. Er streicht die Tapeten weiß an.
Tante Marthas Bild lehnt vor der Bürotür. Heinz
kommt mit seinem Handy herein und telefoniert.*

HEINZ *ins Handy* Tag, Helmut! Hier is Heinz. Treib-
ste dich wieder mal auf Baustellen rum, weil ich
dich nich erwische? *Pause.* Jammer lieber nich...
Wer viel jammert, hat viel Arbeit... Du, was
macht'n eigentlich mein Kostenvoranschlag? Was?
Schon fertig?...Kannste mir den nich schnell noch
zufaxen?... Gleich hierher... Nee, nich an mein
Fax. Stell dir vor, die Alte hatte auch'n Fax!... Ach
ja, die Nummer... Scheiße, wenn ich mir nur der ihre Scheiß-Nummer merken könnte... *Zu Rau.* Rau,
ich brauch schnell mal Tante Marthas Telefonnum-
mer!

RAU 403108.

HEINZ 403108. Also, fax ihn durch! Ich meld mich
dann gleich wieder. Bis später. Mach's gut, Helmut.
Geht zu Rau, begutachtet dessen Arbeit. Wird ja
langsam. Aber nich so dick. So wenig wie nötig. Die
Dispersionsfarbe kostet auch Geld! *Pause.* Und
dann können Se gleich im Schlafzimmer weitermachen. Je eher wir mit'm Renovieren fertig sind, desto besser.

RAU Was is jetzt mit meiner Hausmeisterwohnung?

HEINZ Ich kann das nich alleine entscheiden, wir sind
eine Erbengemeinschaft.

RAU *hört auf zu streichen, flehentlich* Ich mach jede

Arbeit. Alles, was Se wolln. Ich verlege Leitungen, ich streiche, ich tapeziere, ich reiße Wände ein, ich kehre den Hof, ich putze die Treppe, ich verjage die Tauben, ich sperre nachts ab, morgens wieder auf, ich halte den Gehsteig sauber, ich räume den Schnee weg im Winter, ich werfe jeden raus, der hierdrin nix zu suchen hat, ich...

HEINZ Schaun mer mal. *Er stolpert über Marthas Bild.* Himmeldonnerwetter nochmal! Überall muß dieses Scheiß-Bild rumstehn! Das verfolgt mich noch. Da soll man sich konzentrieren können... Wenn mich einer suchen sollte, ich bin im Büro.

Heinz lehnt das Bild an die Wand und geht ins Büro. Ursel, Karin und Siggi kommen herein. Ursel ist wieder ein wenig hübscher geworden. Sie trägt keine Brille mehr, nur die Frisur ist noch die alte. Siggi ist zum ersten Mal nüchtern.

SIGGI Komm, komm, das machste mir doch nich weis, daß de dich für Jazz interessierst. Er interessiert dich.

KARIN Ich war schon bei Jazzkonzerten, da hast du noch gar nich gewußt, was das is.

SIGGI Und dein Mann? Und deine Kinder? Sag bloß, du hast se allein gelassen? *Sie merkt, daß Rau, der wieder streicht, ihnen zuhört.* Rau, gehen Se bitte raus! Sehen Se denn nich, daß wir was zu besprechen ham? Hopp!

RAU *geht vor sich hinmurmelnd ab* Wie soll ich'n da fertig werden, wenn dauernd einer reinstolpert...

SIGGI Du bist scharf auf ihn. Gib's zu.

KARIN Mich interessiert halt seine Musik...

SIGGI Ja, klar, sein Schwanz!

KARIN Sowas zu sagen. *Sie heult.* Bist du gemein!

URSEL Laß Karin in Ruhe!

SIGGI Und du ihn. Der geht dich'n Dreck an. Der gehört mir.

URSEL *zu Siggi* Du bist verheiratet.

SIGGI Ja, mit deim Bruder. Sagt ja schon alles. Weiß deine Mama schon, daß du… Die wird dir was flüstern! Und wie du ihn angehimmelt hast.

KARIN Du doch auch. Das war sowas von peinlich. Und dann haste auch noch an den verkehrten Stellen geklatscht! Das is allen aufgefallen. Klaus bestimmt auch. *Zu Ursel.* Und was war'n auf einmal mit dir los? Du bist schon vor der Zugabe gegangen.

URSEL Weil ich mit Klaus essen gegangen bin.

KARIN Du bist mit ihm essen gegangen?

SIGGI Mensch, Karin, bist du blöd, ihr das auch noch zu glauben! Meinste, der nimmt die alte Jungfer, wo er die freie Auswahl hatte?

URSEL Ich war die ganze Nacht mit ihm zusammen.

SIGGI Du bei ihm? *Zu Karin.* Jetzt dreht se durch.

KARIN *geht auf Ursel los, würgt sie* Biste mit ihm ins Bett? Ja oder nein?

URSEL Ja, klar. Und schön wars.

Die Tür geht auf. Olga und Kurt kommen herein. Olga stürzt sich auf Ursel.

OLGA Erst die ganze Nacht nich heimkommen und sich jetzt auch noch prügeln! Ich weiß schon, wo das hinführt. Dann fliegste endgültig von der Schule, und dann kannste sehn, wo de bleibst.

KURT *trennt die Frauen* Hört ihr jetzt auf! *Er wendet sich an Ursel.* Stimmt das, was Mama eben gesagt hat?

URSEL Ich bin alt genug. Ich kann machen, was ich will.

OLGA Setz sofort deine Brille auf!

URSEL Die brauch ich nich mehr. Ich hab jetzt Kontaktlinsen.

OLGA Du sagst deiner Mutter wohl gar nix mehr?

KURT Warst du bei Klaus?

SIGGI Ich glaub nich, daß se bei ihm war.

KURT Hast du was verraten?

SIGGI Die will sich nur wichtig machen. Wer weiß, wo se sich rumgetrieben hat. Gestern war Vollmond.

KURT Ja oder nein?

URSEL Ich kann dich nich mehr ab! Ich kann euch nich mehr sehn, ihr Schweine, ihr…

OLGA *haut ihr eine runter* Wenn de so weitermachst, kriegt Kurt alles. Ich erbe. Ich bestimme, wer was kriegt!

URSEL Ich will nix. Ich hab, was ich brauche.

OLGA Ich glaube, es is wieder mal soweit. Am besten, ich ruf heut noch Dr. Heß an und laß mir'n Termin geben. Hoffentlich läßt er dich gleich einweisen! *Pause.* Und jetzt sieh zu, daß de ins Büro kommst. Da gibt's genug Arbeit. *Ursel schmollend ab.*

KURT Rau, rein!

Rau kommt wieder rein, streicht weiter. Nun stolpert Olga über Marthas Porträt.

OLGA Überall steht dieses Bild rum! Warum schmeißt se denn keiner endlich in den Müll-Container? *Pause.* Wenn man nich alles selber macht.

Olga will wütend abdampfen. Rau stellt sich ihr in den Weg.

RAU Kann ich's nich ham? Das Bild is doch zum Wegwerfen viel zu schade. Wo ich 30 Jahre für sie gearbeitet hab!

KURT Jetzt machen Se aber mal halblang, Rau! Was
Sie schon alles gekriegt ham! Die Büstenhalter, die
Wäsche, das ganze Zeug, was Se in Second-Hand
geschleppt ham. Und wir war'n auch noch so großzügig und ham nich mal Prozente verlangt.

OLGA Ich schon.

KURT Alles können wer Ihnen auch nich geben, Rau.
Kurt stellt das Bild woanders hin. Nee, das kriegt
Klaus, und wenn ich's 'm mit der Post schicken
muß. Da wird er Augen machen. Jedesmal, wenn
er's anguckt, guckt er in die Röhre! *Er lacht.*

*Heinz stürzt freudig erregt vom Büro herein. In der
einen Hand schwenkt er eine Klarsichtfolie, in der anderen einen Schlüssel. Ursel kommt auch wieder.*

HEINZ Rau, raus!

Rau ab.

HEINZ Was hat meine Mutter immer gesagt: Das
Haus verliert nichts. Der Schlüssel. Die Unterlagen.
Das ist der Schlüssel, und das sind die Unterlagen.
Nennwert 500.000 Mark. Ne halbe Million! Freut
ihr euch denn gar nich? Jetzt können wir losschlagen! Die Münzen, das is unsre Sicherheit, unser
Startkapital, und dann nehmen wir noch'n bißchen
Geld auf und dann ham mer – Peng! – auf einen
Schlag drei Komma fünf Millionen…

KARIN Jetzt dreht er durch.

KURT Heinz, bitte mal ganz langsam…

HEINZ Noch langsamer? *Pause.* Das is die Expertise von Opas Münzsammlung! *Er steigt auf einen Küchenhocker und öffnet den Tresor. Alle bauen sich interessiert davor auf.* Neulich wollet ihr se heimlich, still und leise stibitzen, aber da wurde nix draus. Der Schlüssel paßt! Immer schön halbe-halbe. Na, was sagt ihr jetzt? *Seine Begeisterung schlägt in Enttäuschung um. Der Tresor enthält lediglich fünf Videokassetten. Er reicht sie wortlos an Kurt weiter, der die Titel vorliest und sie an die anderen weitergibt.*

KURT »Das Kettensägenmassaker«, Stephen Kings »Friedhof der Kuscheltiere«, »Die Zombies kommen«, Teil III, »Tödliche Gelüste«, »Im Falle meines Todes«. Diese Kassette hat se selber beschriftet. Das is ihre Schrift.

HEINZ Alles leer.

KURT Das gibt's doch nich.

HEINZ Nix. Nix wie Horror-Videos! Guck doch selbst!

Kurt klettert auf den Küchenhocker.

OLGA Lieber Gott, »Tödliche Gelüste«, sowas Scheußliches hat sich die angeguckt?

HEINZ Sieht ganz so aus.

OLGA Die war doch pervers, war die doch.

KURT Leer. *Er steigt wieder runter. Zu Kurt.* Vielleicht hat se die Sammlung ja verkauft?

HEINZ Dann müßte'n Beleg da sein. Ich hab nix gefunden. Ich bin mit den Akten durch.

KURT Wo die immer alles aufgehoben hat! So Münzen lösen sich doch nich in Luft auf...

HEINZ Nee, das nich. Ich tippe auf Schwarzgeld.

OLGA Schwarzgeld?

HEINZ Das wird se irgendwo schwarz angelegt ham. Aber wo? Komm, Kurt, wir stellen nochmal's Büro auf'n Kopf. *Sie gehen ab. Heinz schreit.* Rau, rein!

Rau kommt herein, nimmt widerwillig seine Arbeit wieder auf.

KARIN Was machen wer'n mit den scheußlichen Kassetten?

SIGGI Gelber Sack!

OLGA Nee. *Sie deutet auf Rau.* Der verkauft se schon. *Pause.* Siggi, kann das sein oder täusche ich mich: Du kommst mir heut so anders vor?

SIIGI Ich trinke nix mehr.

OLGA Was? Du säufst nich mehr?

KARIN Naja, wenn man frisch verliebt is…

SIGGI Halt dein Rand, du mußt grade was sagen. Und du hast auch noch zwei Bälger.

URSEL Ich find's toll, daß de nich mehr trinkst.

SIGGI Toll? Is mir auch scheißegal. Ich kann trinken, was ich will und wann ich will. Aber ich muß nich…

Kurt und Heinz kommen streitend aus dem Büro. Heinz hat ein Heftchen im Nachlaß gefunden. Kurt hat einen Leitzordner, er drückt ihn im Vorbeigehen Ursel in die Hand. Ursel blättert gleich darin herum.

KURT Brauchste mir gar nich erst vorlesen. Weiß ich selbst am besten. Rau, raus! *Kurt wartet, bis Rau weg ist.* Ich hab mir mal 20.000 Mark von ihr geliehen, als wer unsern Laden umgebaut ham.

HEINZ Die 20.000 Mark werden dir von deim Erbe abgezogen. Dafür krieg ich den Opel Kapitän.

KURT *reißt Heinz das Heftchen aus der Hand, blättert darin.* Die hab ich schon längst zurückgezahlt. Mit zehn Prozent Zinsen. *Liest vor.* Rau, ein Schlafanzug, da, noch'n Schlafanzug. Jedes Jahr zu Weihnachten hat se Rau n Schlafanzug geschenkt.

OLGA Das wird ja immer schlimmer. Gib mir mal das Heft her! *Kurt gibt es ihr aber nicht. Ursel blättert immer noch im Leitzordner.* Laura und Eva, zwei Tafeln Kinderschokolade am 21.7.95…

KARIN Da ham wer se besucht, das weiß ich noch ganz genau.

KURT Und hier? Was is denn das? »Heinz: 20.000 Mark«. Vonwegen, du stehst nich drin!

HEINZ Na und? Da hab ich mir neue Büromöbel angeschafft. Hab ich alles wieder zurückgezahlt. Mit zehn Prozent Zinsen.

KURT Wo steht'n das?

HEINZ Was weiß ich?

KURT Na, schön. Dann sind wir halt quitt!

KARIN Da könnt ihr wieder mal sehn, wie gerecht eure Tante Martha war.

URSEL *im Leitzordner blätternd* Wißt ihr was? Die hat sich immer die Sonderangebote aus der Zeitung ausgeschnitten und hierdrin abgeheftet: Tengelmann, Wertkauf, Aldi, Preisteufel… Und alles, was se kaufen wollte, hat se rot angestrichen. Jetzt wissen wer, warum se mit ner Schere in der Hand gestorben is…

Tante Marthas Telefon schellt.

OLGA *erschrickt* Gibt's denn sowas auch? Jetzt war'n wer schon so oft in ihrer Wohnung und nie hat das Telefon geläutet.

HEINZ Das is nich das Telefon, das is das Fax. Mein Kostenvoranschlag! *Heinz rennt ins Büro, alle anderen folgen.*

OLGA Und warum läutet's'n dann?

SIGGI Weil das Telefon ans Fax angeschlossen is.

RAU *kommt herein, genießt die kurze Ruhe* Rau, rein. Rau, raus! Nich mal das Bild gönnen se mir. Wenn Dreck was wird! Das sind doch alles kleine Würstchen! Die können doch Tante Martha nich das Wasser reichen. Die hatte es nich nötig, über Geld zu reden. Die hatte es. Das war eine Dame! Und daß se kein Mann hatte, war ihre Sache. Ich hab ja auch keine Frau. *Er nippt von seinem Flachmann.* Nee, nee, die wußte, was sich gehört. *Er schnappt sich das Bild.* Bloß schnell weg mit dem Bild, und wenn se weg sind, ab damit in meine Wohnung… Ich weiß schon, wie ich se drankriege, und mein Opel Kapitän krieg ich auch!

Rau will das Bild wieder abstellen. In dem Moment kommen die Erben mit dem Fax. Enttäuschte Gesichter. Olga hat im Büro eine Schachtel Pralinen gefunden, nascht schmatzend.

HEINZ Rau, raus! *Rau ab.*

KURT Das is nich zu finanzieren! Eins Komma acht Millionen Mark!

HEINZ Aber wir ham doch das Geld, das se für die Münzsammlung gekriegt hat.

KURT Nix ham wer: Gar nix! Wir wissen ja nich mal, wo das steckt.

HEINZ Das muß aber da sein.

KURT Und wenns nich da is?

HEINZ Wir brauchen doch bloß ne Million aufzunehmen, ich ne halbe und du ne halbe.

KURT Ich kann keine halbe Million aufnehmen.

HEINZ Ich schon.

KURT Nee, Heinz, da mach ich nich mit. Das is mir ne Nummer zu groß.

KARIN Mir reicht's endgültig. Heinz, es is aus.

HEINZ Weil de'n Hosenscheißer bist!

KARIN Es is alles aus, Heinz.

SIGGI *freut sich* Jawohl. Bravo! Gib's ihm!

HEINZ Wir kriegen von der Bank so viel Geld, wie wir wolln.

KARIN Du hörst ja nich mal zu! Heinz, ich rede mit dir! *Laut.* Ich gehe!

KURT Ich will aber nich. Ich geh auf Nummer sicher.

KARIN Ich kann dich nich mehr sehn.

SIGGI Da kenn ich auch einen.

HEINZ Kurt, du enttäuschst mich. Du machst dir ja vor lauter Angst in die Hose.

KARIN Ich nehme Laura und Eva mit. Und den Passat auch. Ich fahr heute noch nach Schweinfurt zu meiner Mutter!

SIGGI An deiner Stelle würd ich woanders hinfahrn.

HEINZ Wir gehen doch überhaupt kein Risiko ein. Das Haus is unsre Sicherheit.

KARIN Deine Töchter werden dich sowieso nich vermissen. Die ham dich in letzter Zeit kaum noch gesehn.

KURT Ja, die Miete, die wir jeden Monat einnehmen, das is was Sicheres, aber alles andre, nee. Da mach ich nich mit.

HEINZ Gut, dann muß ich's halt ganz alleine durchziehn! Ich nehm ne Million auf!

KARIN *weint* Das hab ich kommen sehn. Das hab ich kommen sehn. Ich bin dir wurscht, die Kinder sind dir wurscht, bloß das Geld, das is dir nich wurscht.

Ich will dich nie wieder sehn. Und die Kinder siehst
du auch nie wieder. Dafür werd ich sorgen.

SIGGI Recht haste.

HEINZ Hau doch ab. Du könntest schon längst weg
sein. Meinste, das juckt mich? Kinderkriegen is das
einzige, was de kannst. Für alles andere biste doch
zu blöd. Du und deine Scheiß-Kinder, ihr seid'n
einziger Klotz an meim Bein. *Er lacht auf. Karin
verläßt weinend den Raum.* Jetzt muß ich endlich
keine Rücksicht mehr nehmen. Ne Million muß
her! Ich zeigs euch, wie man sowas macht. Mich
hält keiner mehr auf.

OLGA *bietet ihm eine Praline an* Magste ne Praline?

HEINZ *schlägt ihr die Pralinenschachtel aus der Hand*
Laß mich in Ruhe! Das Geld muß da sein. Ich mach
im Büro weiter. Ich muß es finden.

KURT Ich komm lieber mit. Wenn man dir nich auf die
Finger guckt, reißte dir noch was untern Nagel.

Beide ab.

SIGGI *zu Ursel* Na, haste deiner Mama schon erzählt,
wo de dich gestern Nacht rumgetrieben hast?

URSEL Ich kann machen, was ich will.

SIGGI Und ganz besonders bei Vollmond, was?

OLGA Wenn de mich mal nich mehr hast, haste deine
beste Freundin verloren. Jetzt isses soweit.

URSEL Das hättste wohl gern. Weißte, was du bist? Ne
ganz miese Egoistin. Was war denn, wenn ich mal'n
Freund mit nach Hause gebracht hab? Keiner hat
dir gepaßt. An jedem hattest de was auszusetzen.

OLGA Das is nich wahr

URSEL Und ob das wahr is. Ich bin deine Pflegeversi-
cherung. Mehr nich. Du willst ja nur, daß ich mich

für dich mal genauso aufopfere wie Tante Martha für Oma. Ich soll dich pflegen – bis zum bittren Ende. Mein Leben is dir doch scheißegal.

Kurt kommt zurück.

OLGA Das is nich wahr. Das redest de dir ein.
URSEL Ich will leben. Ich will einen Mann. Ich will Kinder.
OLGA Du wirst doch in der Schule schon nich mit ihnen fertig!
KURT Hör gefälligst auf, Mama anzuschreien, sonst...
URSEL Ich schreie, ich schreie, ich schreie so lange, wie ich will!
OLGA Jetzt geht's wieder los.

Das Telefon schellt. Kurt rennt ins Büro. Rau kommt wieder herein.

URSEL Und euer Erbe könnt ihr euch sonstwohin stecken. Das Testament vernichten. Mit euren kriminellen Machenschaften will ich nix zu zun ham. Ihr seid Verbrecher, alle wie ihr da seid... *Rau grinst.*
SIGGI Ursel, sieh doch mich mal an. Immer schön cool bleiben. Nich aufregen. Die sind's doch nich wert.
OLGA *weint* Von seim eignen Fleisch und Blut muß man sich sowas sagen lassen. Wenn ich das zu meiner Mutter... hätt se mich erschlagen.

Heinz kommt mit Kurt völlig am Boden zerstört aus dem Büro und übergibt Kurt wortlos ein Fax.

HEINZ Rau, raus! *Rau ab.*
KURT *liest* Super. Leipzig-Immobilien. Das Schwarzgeld!

HEINZ Lies erst mal!

KURT Sag bloß, die hat sich von dem Geld drüben im Osten n Haus gekauft... *Seine Stimmung schlägt um.*

SIGGI Was is denn los? Du bist ja weiß wie ne Wand? *Er gibt ihr das Fax. Sie liest es vor.* »Leipzig-Immobilien an Frau Martha Pöhlmann: Sehr geehrte Frau Pöhlmann, leider müssen wir Ihnen mitteilen, daß unser Unternehmen am 1.10.1996 Konkurs angemeldet hat. Für die im Bau befindliche Wohnanlage stehen noch Handwerkerrechnungen in Höhe von 15 Millionen DM aus, für die Sie als Anteilseigner mit zehn Prozent haften. Wir bitten Sie, bis zum 31.12.1996 den Betrag von 1,5 Millionen DM auf unser Konto bei der Dresdner Bank...« – da steht noch ne Kontonummer – »zu überweisen.« *Sie gibt ihm das Fax zurück.* Schlammere sunft.

HEINZ Jetzt is alles aus.

KURT Ich hab nen Kredit über 400.000 Mark aufgenommen. Ich wollte n zweiten Blumenladen aufmachen.

HEINZ Scheißspiel.

KURT Wie soll ich den jetzt abbezahlen?

SIGGI Von mir kriegste keinen Cent.

KURT Da bleibt mir nich mal mehr was zum Leben.

SIGGI Das ist dein Problem.

KURT Und wenn wir das Haus verkaufen? Anderthalb Millionen würden wer schon kriegen.

HEINZ Und dann?

KURT Dann?

HEINZ Was bleibt?

KURT *lange Pause* Null.

OLGA Das hat se wieder mal toll gemacht. Die wollt ja immer ihren Willen ham. Jetzt hat se ihrn Willen,

ihren letzten Willen. Auf dem Erbe liegt ein Fluch.
Jetzt lacht se sich in ihrm Sarg noch tot...

URSEL Jetzt habt ihr die Quittung. Es gibt halt doch
noch ne Gerechtigkeit!

SIGGI Ich mache heute noch meinen Laden dicht. Be-
triebsurlaub. Und dann flieg ich mit der erstbesten
Maschine runter nach Mallorca, und mit dem erstbesten, der mir gefällt, wird erstmal gefickt. Und
dann *äfft Kurt nach* schaun mer mal. Der Arsch ist
ja sogar zum Erben zu blöd! *Sie geht ab.*

HEINZ *öffnet seine Brieftasche, gibt Ursel voller Scha-
denfreude das Testament* Da, gib's deim Lover.

KURT Das Testament! Du hast es nich mal vernichtet,
du Lump, du!

HEINZ Sei doch froh!

OLGA Da wird er sich aber umgucken, dein brotloser
Künstler.

KURT Und wie! *Alle lachen.*

URSEL *steckt das Testament ein* Euch wird das Lachen
schon noch vergehen, ihr Arschlöcher, ihr...

OLGA Werd glücklich mit ihm und seinen Schulden!

*Ursel schnappt sich schnell noch Tante Marthas Porträt
und verläßt weinend den Raum.*

HEINZ *lacht am Rande eines Nervenzusammen-
bruchs wie wahnsinn hinter ihr her* Erben und
sterben!

Dunkel.

FÜNFTER AKT

Ein Fernseher mit Videogerät steht als neues Möbel-
stück deplaziert im Raum.

Ursel, endgültig zur vollen Schönheit aufgeblüht, sitzt
im Schneidersitz auf dem frisch gereinigten Perser
ohne Blutfleck. Sie lauscht dem Saxophonsolo »Sum-
mertime«, das Klaus für sie spielt. Die Musik tut gut
nach all dem Gezänk. Ursel strahlt Klaus an. Nach ei-
ner Weile kommt wie auf Zehenspitzen Rau mit Tante
Marthas Porträt herein. Er hängt es an der alten Stelle
wieder auf. Das Solo ist zuende. Rau und Ursel klat-
schen Beifall. Klaus und Ursel sind sprachlos vor
Glück. Rau bricht das Schweigen.

RAU Darf ich mal was sagen? *Klaus nickt.* Das mit'm
  Fax war echt super. Jetzt hab ich mein Opel Kapitän und die Hausmeisterwohnung. Und ihr habt
  das Haus…Wie ham Se denn das bloß eingefädelt?
KLAUS Wozu hab ich denn n Laptop mit Desk-Top-
  Publishing? Und Leipzig is ja auch nich gerade aus
  der Welt. Da kann man hinfahrn.

Ursel und Klaus strahlen sich an.

URSEL *zu Rau* Nich mal mir hat er was davon gesagt.
  Ich dachte wirklich, das war echt.
KLAUS War's ja auch. Echt Klaus.
RAU Solln se reinkommen?

Ursel und Klaus nicken. Rau geht ab.

RAU *schreit* Rein mit euch! Ihr könnt reinkommen!

Die ehemaligen Erben kommen kleinlaut herein. Drei sind noch übrig: Heinz, Kurt und Olga. Olga schleppt einen Umzugskarton mit Geschirr. Heinz und Kurt schleppen die Vitrine herein. Rau kommandiert sie im Off und On.

RAU Vorsichtig! Ja nich anstoßen! Alles genau wieder dorthin, wo es war. Aber auf den Zentimeter genau. Und das ganze Geschirr kommt wieder genauso rein, wie's drin war. *Zu Klaus und Ursel.* Der Perser is auch wieder schön geworden. Der Fleck is weg. *Zu den anderen.* Daß mir keiner von euch dadrauf rumtrampelt, ja? *Pause.* Und wenn ihr Hunger kriegen solltet, ich hab extra »Essen auf Rädern« für euch aufgehoben. N Linseneintopf... Den könnt ihr euch dann teilen. Is sogar noch warm. *Pause.* Gab's da nich einen in der Bibel, der sein Erstgeburtsrecht für ein Linsengericht verkauft hat? *Er lacht auf.* Paßt ja.

KLAUS *steht auf* Was is denn mit euch los? Ihr seid so sprachlos. Tante Olga, du auch? *Zu Ursel.* Das is man von deiner Mutter gar nich gewöhnt... *Pause.* Was hat mein Opa immer gesagt: »Habt ihr schon geerbt, oder redet ihr noch miteinander?« *Er lacht auch.*

URSEL *steht auch auf* Wenn ihr schon nix sagt, ich hätt da jemand, der euch was sagen will. *Sie schiebt eine Videokassette ins Gerät.* »Im Falle meines Todes!« Das isn Video ausm Tresor. Erst ham wer gedacht: »noch'n Horror«, aber dann hat sich rausgestellt, das is für euch.

Tante Martha erscheint in Großaufnahme auf dem Bildschirm. Sie sitzt in ihrer guten Stube unter ihrem Porträt.

TANTE MARTHA Schade, daß ich eure dummen Gesichter nich mehr sehn kann, ihr raffgieriges Pack,
ihr! Ihr kriegt nix! Das wär'n Perlen vor die Säue.
Pause. Daß ihr's Klaus nich gönnt, das war mir von
vornherein klar. Aber mich bescheißt so schnell
keiner. Mit euch werd ich immer noch fertig. Sogar
noch nach meim Tod! *Sie lacht auf.* Ich kenne die
Welt. Alles Lug und Trug! Und Verwandte kann
man sich nicht aussuchen. *Pause.* Olga, weißte
noch, was wer als Kinder immer gesagt ham - beim
Murmelspielen: »Hexengraben, nichts sollst haben!« *Sie lacht.* Nix sollste haben. Nich mal das
Schwarze unterm Fingernagel. *Pause, anderer Ton,
liebevoll.* Bitte, Klaus, spiel doch noch einmal
»Summertime«. Das war so schön an meim Grab…

*Das Bild erlischt wieder. »Summertime« erklingt. Alle
Erben starren wie vernichtet vor sich hin. Klaus und
Ursel tanzen. Rau wippt im Takt mit. Darüber fällt
der Vorhang.*

Ende.

FITZGERALD KUSZ, am 17.11.1944 in Nürnberg geboren, aufgewachsen in Forth, Mittelfranken (heute: Eckental), Studium der Anglistik und Germanistik in Erlangen, zwischendurch ein Jahr als »assistant teacher« in Nuneaton, Warwickshire/England. Bis 1982 Lehrer in Nürnberg. Seither freier Schriftsteller. Verheiratet. Drei Kinder.
Mitglied im PEN und im Verband Deutscher Schriftsteller in der IG Medien.

Preise und Auszeichnungen u. a.
1975 Hans-Sachs-Preis; 1977 Gerhart-Hauptmann-Stipendium der Freien Volksbühne, Berlin; 1983 Wolfram von Eschenbach-Preis; 1984 Staatlicher Förderpreis für Schriftsteller des Landes Bayern; 1988 Kulturpreis der Stadt Nürnberg; 1992 Bundesverdienstkreuz; 1998 Verdienstmedaille »Pro Meritis«, München; 1998 Friedrich Baur-Preis der Bayerischen Akademie der Schönen Künste; 2011 Bürgermedaille der Stadt Nürnberg; 2011 August-Graf-von-Platen Literaturpreis, Ansbach; 2013 Frankenwürfel; 2016 Karl-Bröger-Medaille; 2017 Dialektpreis Bayern.

Buchpublikationen
Beherzigungen, Gedichte, Maistraßenpresse, München 1968; *Wunschkonzert*, Maro-Verlag, Gersthofen 1971; *Morng sixtäs suwisu nimmä*, Verlag J.P. Peter, Gebr. Holstein, Rothenburg o. d. Tauber 1973; *Kehrichdhaffn*, Rainer-Verlag, Berlin und Verlag Klaus G. Renner, Erlangen 1975; *Lüchdi nei und schlouf*, Verlag J. P. Peter, Gebr. Holstein, Rothenburg o. d. Tauber 1976; *Ä Daumfedern affm Droddo*, Verlag Klaus G. Renner, Erlangen, München 1979; *Wennsdn sixd dann saxdersn*, Verlag Klaus G. Renner, Erlangen, München 1981; *Mä macht hald su weidä*, Verlag Klaus G. Renner, Erlangen, München 1982; *Sooch halt wos*, Szenen, Verlag der Autoren,

Frankfurt am Main 1981; *Derhamm is derhamm,* Volksstück, Verlag der Autoren, Frankfurt 1982; *Derzähl mer nix!* Gschichtler aus Franken, Ehrenwirth-Verlag, München 1984; *Seid mei Uhr nachm Mond gäihd,* Gedichte, Verlag Klaus G. Renner, München 1984; *Schweig, Bub! Derhamm is derhamm, Unkraut.* Fränkische Trilogie, Ehrenwirth-Verlag, München 1985; *Stücke aus dem halben Leben,* Szenen, Verlag der Autoren, Frankfurt 1987; *Irrhain,* Gedichte, Verlag Klaus G. Renner, München 1987; *Bräisälä,* Gedichte und Haikus, Hugendubel-Verlag, München 1990; *Hobb,* Gedichte, ars-vivendi-Verlag, Cadolzburg 1994; *Let it be!* Drei Stücke von der Liebe, Verlag der Autoren, Frankfurt 1994; *Schdernla,* 144 Haikus, ars-vivendi-Verlag, Cadolzburg 1996; *Du, horch,* Szenen und Geschichten, ars-vivendi-Verlag, Cadolzburg 1997; *Schweig, Bub! Letzter Wille,* Zwei Volksstücke, Verlag der Autoren, Frankfurt 1997; *Der fränkische Jedermann. Nach Hugo von Hofmannsthal,* Stück, ars-vivendi, Cadolzburg 2001; *Wouhii. Ein Lesebuch,* Cadolzburg 2002; *Witwendramen, Mein Lebtag,* Verlag der Autoren, Frankfurt 2004; *Mugan: Gedichte,* ars-vivendi-Verlag, Cadolzburg 2007; *Der Vollmond über Nämberch: die besten Gedichte aus vierzig Jahren,* ars-vivendi-Verlag, Cadolzburg 2009; *Zwedschgä, Gedichte,* ars-vivendi-Verlag, Cadolzburg 2012; *Guuder Moond, Gedichte,* ars-vivendi-Verlag, Cadolzburg 2015.

Theaterstücke

Schweig, Bub! Volksstück. Uraufführung: Städtische Bühnen, Nürnberg 1976; *Selber schuld.* Volksstück, Nürnberg 1977; *Stinkwut.* Volksstück, Nationaltheater Mannheim 1979; *Sooch halt wos,* Szenen, Theater am Sozialamt, München 1980; *Saupreissn.* Volksstück (Auftragsstück zum Preußenjahr) Schillertheater, Berlin 1981; *Derhamm is derhamm.* Volksstück, Nürnberg 1982; *Unkraut.* Volksstück, Esslingen 1983; *Burning*

Love. Stück, Konstanz 1984, rund 70 weitere Inszenierungen im In- und Ausland (Kopenhagen, Edinburgh, Buenos Aires); *Höchste Eisenbahn.* Stück, Esslingen 1985, ins Neugriechische übersetzt, Athen 1983, Hamburger Fassung: Hamburger Kammerspiele 1997 mit dem Kabarettistinnen-Duo »Missfits«; *Die Nibelungen. Eine deutsche Seifenoper*, Theater links der Isar, München 1990; *Let it be!* Volksstück mit Gesang, Düsseldorf 1993; *Letzter Wille. Ein Leichenschmaus in fünf Akten*, Theater links der Isar, München Lustspielhaus, 1996; *Mama, Der Alleinunterhalter.* Zwei Einakter. Theater links der Isar, München 1997; *Alles Gute.* Stück, Torturmtheater Sommerhausen 1998; *Zwerge. Eine fränkische Passion.* Theater der Puppen, Nürnberg 2000; *Der fränkische Jedermann. Nach Hugo von Hofmannsthal.* Stück, Nürnberg 2001; *Hänsel und Gretel. Ein Familiendrama.* Theater der Puppen, Nürnberg 2002; *Der Alleinunterhalter. Monodrama.* Nürnberg 2003; *Hobb weidä. Fränkische Szenen.* Dehnberger Hoftheater, Lauf 2004; *Das hässliche Entlein.* Theater der Puppen, Nürnberg 2005; *Witwendramen.* Theater »Die Färbe«, Singen/Hohentwiel 2005; *Mein Lebtag. Monodrama.* Singen/Hohentwiel 2005; *Lametta.* Weihnachtskomödie, Nürnberg 2010; *Die Götter-Soap. Letzte Staffel.* Stück, Nürnberg 2013; *Fliegen können* 2014; *Hans im Glück* 2016.

Filme
'S zweite Leb'n. Fernsehspiel, ZDF 1980; *Die Schraiers* (zusammen mit Rainer Söhnlein), Serie 1982; *Marianne und Sofie* (mit Rainer Söhnlein). Kinofilm, 1983. Regie: Rainer Söhnlein. In den Hauptrollen: Marianne Hoppe und Sofie Keeser; *Goldkronach* (mit Rainer Söhnlein). Fernsehspiel, ZDF 1986; *Stinkwut.* Bayerische Fernsehbearbeitung von Michael Verhoeven, ZDF 1986; *Himmelsheim.* Kinofilm, 1989. Regie. Manfred Stelzer. Mit großem Erfolg auf den Hofer Filmtagen 1988 präsentiert;

Gudrun. Kinofilm, 1992 (Regie: Hans W. Geißendörfer).
Deutscher Wettbewerbsbeitrag auf der Berlinale; *Florian
III.* Fernsehserie, zusammen mit Franz-Xaver Wendle-
der, Regie: Bernd Fischerauer, Produktion BR. Start ORF,
1994.

Hörspiele
Die Bestellung, 1979; *Die Vögel* (zusammen mit Friedrich Schirmer), Kinderhörspiel, 1980; *Da hab ich aber
Angst gehabt* (zusammen mit Birgit Kusz), Kinderhörspiel, 1983; *Der Hauptgewinn,* Monolog, 1987; *Her-
mann,* 1989; *Ärwert,* Monolog, 1992; *Alles Gute,* BR
1995; *Mama,* SWF 1996; *Der Alleinunterhalter,* SWF
1996; *Zahlreiche Kurzhörspiele,* HR, Radio DRS-Bern
und BR; *Der fränkische Jedermann,* BR 2001; *Das wars!,*
SWR 2012.

CDs:
Ällmächd, Musik Chris Beier, Musical Tragedy, EFA
12234-2, Fürth 1996. *Fläiß, fluß,* Musik Klaus Brandl,
KNOPF 98013, Oberweiling 1998. *Schweig, Bub!* ars-
vivendi-Verlag, Cadolzburg 1977. *Horch Kusz!* Das
Kusz-Hörbuch, dito 2003; *krouhä,* Musik Klaus Brandl,
PSST-Musik 2009.